KB141044

카피
공부

**매일
언어를 다루는
사람들에게**

차례

서문-말에 관한 한마디 ☞ **4**

광고의 기본 ☞ **11**

광고에 관한 조언 ☞ **37**

카피에 내용과 의미를 담는 법 ☞ **87**

전략적으로 카피를 쓰는 법 ☞ **103**

글을 움직이게 하라 ☞ **123**

헤드라인을 쓰는 기술 ☞ **155**

슬로건을 만드는 기술 ☞ **167**

옥외광고의 기술 ☞ **181**

똑똑한 광고 캠페인 ☞ **193**

부정적 접근이 긍정적일 때 ☞ **205**

비유적 표현 ☞ **211**

소비자에게 다가가려면 ☞ **225**

돈을 지불하는 사람, 광고 의뢰인에 관해 ☞ **247**

인간의 위트와 지혜 ☞ **271**

말에 관한 한마디

카피에 대한 나의 철학

이 책의 목표를 간단히 설명하면 이렇다. 여러분의 크리에이티브 기술을 날카롭게 다듬고, '말의 힘'을 통해 아이디어가 더 큰 힘을 발휘할 수 있게 돕고자 한다. 카피를 쓰려면 왜 말장난보다 사람을 더 잘 아는 게 중요한지, 상상과 혁신을 통해 광고 효과를 어떻게 높일 수 있는지도 보여주려고 한다. 지금처럼 역동적인 시대에는 광고도 더 성숙해져야 한다. 우리는 더 적은 말로 더 많은 이야기를 하는 법을 배워야 한다. 우선 간단하지만 매혹적인 비유를 하나 들면서 시작해보자. 좀 로맨틱한 단어들이 동원될 수도 있다.

갑자기 낯설고 이국적인 땅에 떨어졌다. 눈앞에는 낯설고 이국적인 여인이 한 명 서 있다. 아주 매력적이지만 위험할 것 같은 여인이다. 내가 여인에게 말한다. "지금까지 만나본 여인들 중에서 가장 아름다우시네요." 여인은 내 말을 한마디도 알아듣지 못한다. 하지만 내가 무슨 말을 하려는지는 정확히 안다. 그게 바로 '커뮤니케이션'이다. 이제 여인이 그 이유를 (물론 아무 이유가 없을 수도 있지만) 들어보도록 귀를 기울이게 할 수 있다면, 그게 '오리엔테이션'이다. 여인이 이유를 받아들이고 더불어 나까지 받아들인다면, 그건 '설득'이다. 나는 종종 광고를 '인쇄된 구애'라고 말한다. 이 구애는 자꾸만 복잡해지고, 비용도 더 많이 들고 있다.

우리는 오늘날 광고와 마케팅이 크리에이티브 분야 종사자들에게 요구하는 도전에 제대로 대처하지 못하고 있다. 똑같은 방법론을 사용하고, 똑같이 진부한 표현, 똑같이 지겨운 단어와 닳고 닳은 표현을 쓴다. 우리 중에 '생각'을 하는 사람은 별로 없다. 우리는 그냥 멜빵 단추만 다른 것으로 바꾼다. 기존의 편견을 그대로 둔 채 배치만 새롭게 바꾼다. 마음이 열려 있다고 하지만, 실상은 입만 열려 있다.

피타고라스는 "사색이란 운반 중인 아이디어"라고 했다. 요즘 광고 중에 이 고전적 척도를 충족시키는 것이 얼마나 될까? '카피'를 편집할 게 아니라 그 카피를 만들어내는 '사고방식'을 편집해야 한다. 광고 페이지에 사람과 제품만 가득 채워놓는 것으로는 충분치 않다. 광고에는 이미지와 아이디어가 채워져야 한다. 단순히 언어의 뿌리에서 뻗어 나온 말이 아니라 삶의 뿌리에서 나온 말로 채워야 한다. 말을 단련하는 법을 배우면 창의력을 키우는 데 어마어마한 도움이 된다.

어느 정도는 '누구나' 아직 손대지 않은 창의성의 저장고를 갖고 있다. 차분히 생각해보면 '독창성'이란 뭐 대단한 게 아니다. 그냥 보고, 듣고, 읽고, 기억한 것에 '나 자신'을 더하면 된다. 바로 그렇게 나 자신을 더해야 하기 때문에 '내 안에 있는'

자원을 개척하는 일이 더할 나위 없이 중요해진다. 무의식의 창고에 기억과 이미지들을 저장해 두어야만 신호를 줬을 때 곧장 그것들이 밖으로 나올 수 있다. 나이는 거의 무관하다. 광고는 '젊은이'의 비즈니스가 아니라 '젊은 생각'의 비즈니스다. '몇 살이냐'가 중요한 게 아니라 '얼마나 대담한가'가 중요하다. '얼마나 기지 넘치고 회복력이 있느냐', '얼마나 용감하고 전염력이 있느냐'가 중요하다!

광고쟁이는 팩트(fact)를 '아이디어'로 바꾸는 사람이다. 그리고 그 아이디어를 '감정'으로, 그 감정을 다시 '사람'으로, 그 사람을 '판매'로 바꾸어놓는 사람이다. 팩트를 아이디어로 바꾸려면 무언가를 봤을 때 그게 팩트임을 알아봐야 한다. 아이디어를 감정으로 바꾸려면 마음에 품고 이해하는 과정이 필요하다. '어떻게 해야 사람들이 사갈까?'라는 질문의 답은 '사람을 사람으로 만드는 게 뭘까?'에 있음을 알아야 한다. 그러면 이제 이런 의문이 들 것이다. '어떻게 해야 사람을 움직이고 상품을 움직일까?'

제품 속에서 드라마를 찾고 싶다면 깊이 파보면 된다. 드라마는 거기 있다. '사라지지 않는 감정'을 이용하라. '이종 교배'를 사용하라. 차용하고 변형하라. 늘이거나 줄여라. 흔한 것을 흔치 않은 곳에 놓아라. 도저히 방법이 없다면 오래된 것을 새롭게 조명하기라도 해라. 그렇게 새 생명을 주고, 새로운 흥미를 일으키고, 새 색깔을 입히고, 새 이미지를 만들어라. 어차피 하늘 아래 새로운 것은 없다!

내 경우에 '아이디어 도출'은 4단계를 거친다. 나는 그 4단계를 축적, 사고, 잉태, 희열이라고 부른다. 연관 관계를 설명하면 다음과 같다.

1. 축적: 팩트란 팩트는 모조리 쓸어 담고 저장한다. 쓸 수 있는 탄환을 모두 장전해 당면한 구체적 주제를 상대한다. 그것들을 '창고부'에 넘긴다.
2. 사고: 곰곰이 생각한다. 마음의 입으로 충분히 음미한 다음 머릿속으로 이리저리 굴려본다. 체로 치고 빠져나오는 것을 살핀다.
3. 잉태: 산고를 겪는 중이지만 스스로는 알 수 없다. 더 이상 생각이 나지 않을 때 무의식을 자극하는 최고의 방법은 '생각을 멈추는 것'이다. 그러니 다른 일로 부산을 떨어야 한다. 전혀 다른 일을 시작하라.
4. 희열: 찾았다! 아이디어가 샘솟기 시작한다. 미처 다 받아 적을 수가 없을 정도다.

틀림없는 성공 공식처럼 들리지만 꼭 그런 것은 아니다. 크리에이터마다 자신에게 맞는 최선의 방법을 찾아야 한다.

그렇다면 '새로운 시대의 광고'는 어떻게 만들어야 할까? '말'이 아닌 '아이디어'로 소통해야 한다. '이미지'를 가지고 생각해야 한다. 고도로 압축된 언어를 써야 한다. 진실을 '흥미진진하게' 만들어야 한다. 대형 망치로 때려 박을 것이 아니라

'공손한 설득'으로 메시지를 포장해야 한다. 단순한 판매가 아니라 '평판'을 만들어가는 중임을 자각해야 한다. 제품 퍼스낼리티(product personality)를 창조해야 한다. 광고 하나하나를 그저 오늘 하루를 위한 것이 아니라 비즈니스의 수명이 다할 때까지 허물어지지 않는 '벽돌'로 만들어야 한다. 그리고 무엇보다 '우리 자신'이 되어야 한다. 감히 남들과 다를 수 있어야 한다. 내가 하는 모든 일에 내 개성을 투영해야 한다.

카피라이터에 대해 내가 가지고 있는 생각은 광고에서 쓰이는 일반적인 의미와는 상당히 다르다. 내가 생각하는 훌륭한 카피라이터는 경제부 기자이면서 세일즈맨의 기질도 함께 가지고 있어야 한다. 정말로 일류 카피라이터라면 겉으로는 낭만주의자면서 속으로는 현실주의자여야 한다. 실제로 그는 휴머니스트이자 현실주의자이자 최고의 세일즈맨이 되어야 한다. 상당히 높은 수준의 복합성을 요구하는 쉽지 않은 주문이다. 하지만 어쩔 수 없다. 최고의 카피라이터는 감수성이 있으면서 '동시에' 현명해야 하다. 현실감각에 맞게 쓸 수 있는 이미지 감각이 있어야 한다.

카피라이터는 3가지 기초가 항상 튼튼해야 한다.

첫째, 팩트! 뭐든 알고 시작해라.
둘째, 감정! 제품을 팔고 싶으면 마음을 움직여라.
셋째, 기법! 형식 때문에 정작 중요한 것이 가려지면 안 된다.

역사상 가장 감동적인 문학작품은 전 세계 베스트셀러 1위인 '성경'이다. 성경에는 6,000개 정도의 단어가 사용됐다. 하지만 오늘날 영어는 50만 단어를 자랑하고, 매년 약 5,000개씩 증가하는 것으로 추산된다. 그러니 언어가 사람 못지않게 부단한 변화를 반영하는 것은 당연한 일이다. 그리고 시대에 따라, 사람에 따라 같은 단어도 다른 뜻을 의미할 수 있다.

카피란 단어를 조합하는 일이다. 사람들은 이성만 먹고 살지는 않는다. 사람들은 희망을 먹고 산다. 사람들이 믿는 것은 미래일지 모른다. 그러나 여러분의 카피에 담긴, 그들의 삶에 벌어질 일은 뭐가 되었든 '지금, 여기'에서 일어난다. 현재형 문장은 힘이 있다.

전형적인 카피라이터는 카피를 '말'이라고 생각하고, 전형적인 아트디렉터는 카피를 '그림'이라고 생각한다. 이것은 기본적으로 잘못된 콘셉트다. 카피는 말도 아니고, 그림도 아니다. 카피는 '전략'이다. 카피는 '도덕적 설득'이다. 카피는 '인간 행동'이다. 카피는 소비자를 지금 있는 곳에서 내가 보내고 싶은 곳으로 보낸다. 카피는 내 머리에 있는 '아이디어'를 소비자의 머릿속으로 옮긴다. 카피는 소비자에게 내가 파는 물건의 값어치(가격)보다 그 물건을 더 많이 원하게 만든다. 카피는 사람들을 내가 원하는 방식으로 '행동'하게 만든다.

따라서 광고에 들어가는 것은 모두 (일부러 빼놓은 것까지도) 카피다.

'말에 관한 한마디'를 마무리하며, 나는 다음과 같은 10가지 항목의 카피 플랫폼을 제안하고 싶다.

1. 명령조의 '해라', '하지 마라' 같은 말로 방해하지 말고, 광고가 '스스로' 할 수 있는 일을 하게 놓아둬라.

2. 잔재주는 집어치우고 진실을 고수하라. 다만 그 진실은 '흥미진진한 진실'로 만들어라.

3. 경험의 목소리에 귀를 기울여라. 그러나 마음의 노래에도 귀를 기울여라. 그게 바로 판매를 움직이는 멜로디다.

4. 감히 남들과 다른 것을 해보라. '다르기 위해서'가 아니라 지루한 세상에 참신한 일을 해보기 위해서다.

5. 카피용 목발은 내다 버리고 내 두 발로 당당히 서라.

6. 내 상상과 내 발명에 의존하라. 내가 가진 창의적 출처와 자원에 의존하라.

7. 카피 쓰기를 그만두어야 카피 쓰기를 시작할 수 있다는 사실을 기억하라.

8. 똑똑한 대중을 모욕함으로써 똑똑한 나 자신까지 모욕하지 마라.

9. 말하는 '방식'이 아니라 '하려는 말'에 힘을 줘라.

10. 요약하면, 줏대 있는 카피를 써라. 그리고 용기를 갖고 그 카피를 위해 싸워라.

copy
capsules

광고의
기본

1   광고는 지난 시간 먼 길을 걸어왔지만 핵심은
     하나다. 사람의 척추가 그대로인 것처럼 광고의
     척추도 그대로다. 그 척추가 바로 '카피'다.

2   광고에 세상의 화려한 옷이란 옷은 다 입힐 수도
     있다. 하지만 광고의 심장과 뿌리는 '창의적
     메커니즘'이고 그 핵심이 바로 카피다.

3   광고는 자유 발언이다. 다만 그 발언을 하려면
     돈을 내야 하는 점이 다를 뿐이다. 광고에는
     프런티어가 없다. 광고의 경계는 무제한이다.
     광고는 모든 소통의 동맥과 호소의 대로(大路)를
     열어놓는다. 그런 특권을 위해 돈을 낸다고
     생각해보라. '플랫폼'은 여전히 그대로 있다.
     관객도 그대로 있다. 기회도 그대로 있다. 이윤을
     만들 수 있을 뿐만 아니라 사회적, 시민적,
     경제적으로 봉사할 수도 있다.

4   그동안 광고는 남의 이야기를 하는 데 너무
바빠 자신의 얘기를 할 시간이 없었다. 광고는
미국에서 사람들이 가장 잘 모르고 가장 헐값에
매도되는 산업이다. 그럼에도 불구하고 광고는
경제의 기초를 이루는 원동력이다. 광고는 농부가
곡식을 팔 수 있게 해준다. 제조업체가 만든
물건을 팔 수 있게 해준다. 상인이 상품을 팔 수
있게 해준다. 기술자가 기술을 팔 수 있게 해준다.
광고는 대량 소비를 촉진해 대기업이 대량
생산 설비를 갖출 수 있게 해준다. 광고는 이제
라이프스타일에 없어선 안 될 요소다.

5   오래전에 나온 얘기지만 아직도 진실인 말이
있다. "비즈니스에서 광고는 기계의 증기기관과
같다. 위대한 추진력이다." 누가 한 말일까?
저명한 역사학자 토머스 배빙턴 매콜리가 한
말이다.

6   은행가이자 작가인 폴 머주어는 직설적으로
말한다. "경제에 관해 '청교도'적 입장을
보이는 사람들은 해마다 광고에 쓰이는 수십억
달러의 돈을 종종 낭비와 방탕의 상징처럼
묘사한다. 하지만 그런 비난은 말도 안 된다.

광고야말로 사람들에게 더 높은 수준의 삶을 살도록 교육하고, 기업에는 꼭 필요한 판매량을 확보해주며, 노동자에게 고임금과 구매력을 제공할 수 있는 가장 큰 설득력을 가졌다."

7   케니언 앤드 에크하트의 대표 토머스 다시 브로피(Thomas D'Arcy Brophy)는 좋은 광고란 "사회적 책임감을 가진 세일즈맨 정신"이라고 정의했다.

8   미국의 유명 주간지 〈새터데이 이브닝 포스트〉를 창간한 사이러스 H. K. 커티스는 광고를 "대중 접촉의 핵심"이라고 했다.

9   데이비드 M. 포터는 학식 있는 대학교수일 뿐만 아니라 현실적인 비즈니스 예언자다. 그는 자신의 저서 〈풍요의 국민(People of Plenty)〉에서 이렇게 말했다. "소비자에게는 알려줄 사람이 필요하다. 그들에게 새로운 필요를 주입하고, 소비자처럼 행동하게 만들고, 가치관을 바꿔 하루 빨리 미래의 풍요에 적응하게 만들기 위해 우리가 가진 제도적 장치는 광고밖에 없다. 그렇기 때문에 나는 광고를 '풍요의 제도적 장치'라고 생각한다."

10 광고는 다른 그 어떤 사회경제적 요인보다
미국인의 생활 패턴을 더 많이 바꿔놓았다.
지난 50년간 특히 그랬다. 예를 들어보자.
불과 얼마 전만 해도 양말에 오렌지가 들어
있으면 크리스마스인 줄 알았다. 그런데 지금은
선키스트(Sunkist)와 감귤 조합원들 덕분에
매일매일 오렌지 주스를 꿀떡꿀떡 마실 수 있게
됐다. 1900년대 초에 살았다면 겨울에 소다수를
마시고 싶어도 꾹 참고 깨끗한 물 한잔에
만족했을 것이다. 이유가 뭘까? 그 당시 음료수는
철저히 계절성으로만, 즉 종려주일(부활절 한 주 전
일요일)부터 10월 1일까지만 팔았기 때문이다.
그 시기가 지나면 기계는 겨울을 대비해 폐쇄됐고
음료수 판매는 중단됐다. 그렇다. 시대가 변했다.
좋은 쪽으로 변했다. 대량 마케팅과 대량
커뮤니케이션 덕분이다!

11 훌륭한 광고 아이디어가 하늘에서 뚝 떨어지는
경우는 드물다. 보통 좋은 아이디어는 땅에서
나온다. 그러니 깊이 파야 된다.

12 판매가 쉬우면 광고가 게을러진다. 판매가 힘들면
광고가 훌륭해진다. 이것도 좋은 점이다!

13 계획 없는 광고는 정책 없는 비즈니스의 결과다.

14 균형 잡힌 광고 메뉴에는 언제나 '이성'이라는
빵이 들어 있다. 하지만 이 메뉴에는 인간의
'배고픈 정신'을 위한 빵도 있어야 한다.
오늘날 일부 광고를 보면 이성이라는 빵이 쉰내
나는 밀가루로 만들어져 있다.

15 똑똑한 광고주는 한 스푼의 인간적 통찰이 한
박스의 무거운 주장만큼 가치 있다는 것을 안다.

16 연극과 달리 광고는 수많은 갈채를 받고도
박스오피스에서 망할 수 있다. 평론가들의 극찬은
아무 의미가 없다. 쇄도하는 판매만이 의미의
전부다.

17 훌륭한 광고인지 판별할 수 있는 방법은 칭찬이
아니라 '힘'이다. 광고는 찬사가 아니라 판결을
받는다.

18 적절한 생각에 쉬운 언어를 결합하는 광고쟁이가
일류다.

19 광고쟁이를 비즈니스맨으로 만들어주는, 더없이 귀중한 요소는 '상식'이다.

20 광고쟁이라면 머릿속에 든 것이 데이터 파일에 있는 것보다 더 큰 가치가 있다.

21 진정한 장인은 돈으로 살 수 없을 정도로 빛나는 조명을 눈에 달고 있다.

22 시(詩)가 화석이 되면 산문이 된다고 한다. 죽은 비유법이 가득하기 때문이다. 광고 속 산문은 '화석화된 시'조차 되지 못하고, 그 자체로 화석인 경우가 많다.
증거: 바보 같은 광고에도 불구하고 똑똑한 수많은 제품이 성공했다.

23 정말로 훌륭한 광고는 읽어보면 생기가 넘치고, 번뜩이고, 술술 막힘이 없다. 마치 그냥 수도꼭지만 틀어서 나온 글처럼 읽힌다. 맞는 말이다! 하지만 그러려면 배관 수리의 달인이 되어야 한다.

24 용두사미로 끝나는 광고를 매일 하나씩은 볼

세상을 바꾸는 아이디어는 많다. 그러나 길이 나온다.

세상을 바꾸는 아이디어는 많다. 그러나 길이 나온다.

수 있다. 결승전에서 의미 있는 점수는 최종
점수뿐이다.

25   감정(emotion) 속에 움직임(motion)이 그토록 많은
것은 결코 우연이 아니다. 결국 뿌리는 같다.

26   인간의 심장을 두근거리게 만드는 것이 무엇인지
알고 있다면 광고의 심장을 이해한 것이다.

27   인생을 만들어내는 화학 반응이 곧 상품 판매를
만들어내는 화학 반응이다.

28   베테랑 광고쟁이 짐 영(Jim Young)은 광고의 진정한
근간을 이렇게 표현했다. "많은 사람들, 특히 광고
비평가들이 충분히 인식하지 못하고 있는 사실이
있다. 넓은 의미의 '낭만'이야말로 세상 사람들이
가장 원하는 제품이라는 사실이다. 너무나 많은
사람들이 '소리 없는 아우성'의 삶을 살고 있다.
그러니 그들에게 탈출구를 제공하는 광고라면,
혹은 '실용성'에 '색깔'을 더하는 제품이라면
무엇이든 큰 공헌을 하고 있는 셈이다."

29   카피라이터 아트 쿠드너(Art Kudner)가 아주

좋아하는 이야기가 하나 있다. 그에게 이 이야기를 적어도 대여섯 번은 들었다. 그리 오래되지 않은 옛날, 미국에는 '돼지 부르기 대회'가 열풍이었다. 먼저 지역 가축 품평회가 열리고 나면, 다음은 주별 가축 품평회, 그다음은 전국 가축 품평회에서 이 대회가 열렸다. 최고 영예는 그 누구보다 돼지들을 잘 꾀어낸 중서부의 어느 농장주에게 돌아갔다. 기자들이 재미난 인터뷰를 따낼 작정으로 우르르 몰려가 곰살맞게 물었다. "그렇게 돼지들을 잘 불러낼 수 있는 비법이 무엇입니까?" 농장주는 별 것 아니라는 듯 대답했다. "간단하죠. 내가 놈들이 원하는 걸 갖고 있다고 돼지들이 믿게 만들면 됩니다." 아트 쿠드너는 이렇게 덧붙였다. "광고는 그게 다지, 뭐."

30   광고에 고상한 취향이 묻어날 때도 있고, 아닐 때도 있다. 이 주제에 정해진 법칙이란 없다. 오스카 와일드의 명언이 기억날 것이다. "'늘 신사처럼 행동하는 것'은 신사는 절대 안 하는 행동이다."

31   낭만주의자가 현실주의자가 될 때, 혹은 그

반대의 경우가 바로 '광고쟁이'가 탄생하는
순간이다.

32 정장 모자나 연미복이 사람을 만들어주지는
않는다. 광고를 만들어주지도 않는다.

33 기만에 불과한 광고가 너무 많다. 그런 광고는
읽는 사람만 속이는 것이 아니라 그 광고를 위해
돈을 지불한 사람도 바보로 만든다.

34 광고는 메시지(message)가 되든가 쓰레기(mess)가
되든가, 둘 중 하나다.

35 최고의 광고쟁이에게 늘 통하는 말이 있다.
"겉치레에 욕심내지 않는다."

36 리더가 편협한 경우는 거의 없다. 위대함과
포용력은 언제나 같이 간다. 미국의 철학자 겸
시인 에머슨의 말을 조금만 바꿔 써보자. '훌륭한
광고쟁이는 언제나 스스로를 낮출 줄 안다.'

37 최고 경영진이라고 해서 틀리지 말라는 법은
없다. 그렇지 않고서야 어떻게 그리 많은 광고가

잘못 경영되었을까.

38 힘들이지 않고 돈을 벌려는 회계 담당자가 너무
많다.

39 쉬운 일: 좋은 콘테스트를 생각해봅시다.
어려운 일: 좋은 판매 아이디어를 생각해봅시다.

40 판매 활동에서 최선의 푸시(push)는 (소비자가 당겨주는)
풀(pull)이다.

41 발이 빠르면 느리고 무거운 사람을 이길 수 있다.

42 광고가 인쇄되어 소비자와 대면할 때쯤엔
전시실의 화려한 조명은 이미 사라졌을 것이다.

43 광고 회사의 '전략위원회'는 광고주를 무시하려고
존재하는 것이 아니라, 광고주가 여론의 법정에
들어가는 것을 도와주려고 존재한다.

44 당신 가족은 훌륭한 사람들이다. 하지만 당신
회사의 광고를 평가하기에 적합한 재판관은
아니다.

45 언젠가는 인터내셔널 하비스터(International Harvester, 오랜 기간 미국의 선두적인 대형트럭 제작업체였다-옮긴이)에서 '아이디어 자동 분류기'가 나올지도 모른다. 혹시나 그런 날이 오기 전까지 광고쟁이는 자신의 주름진 대뇌피질에 의존해 분류 작업을 할 수밖에 없다. 고르고, 버리고, 가짜와 진짜를 구별해내야 한다.

46 기만할 수 있는 의뢰인을 잔뜩 보유한 광고 회사가 너무 많다.

47 새로운 의뢰인을 모실 때는 옛날 고객에게도 여전히 사랑한다고 말하는 것을 잊지 마라.

48 소비자가 다른 건 내놓지 않고 꽃만 바치게 하는(찬사만 받는) 광고는 향기로운 게 아니라 길을 잃은 것이다.

49 신참에게 늘 통하는 말이 있다. "그들은 광고 하나에 열 개를 집어넣는다."

50 프랑스의 계몽주의 철학자 볼테르는 이렇게 말했다. "상식(common sense)은 그리 흔하지(common)

않다." 그는 어쩌면 이렇게 덧붙일 수도 있었을 것이다. '홍보에서도 상식은 그리 흔하지 않다.' 불과 얼마 전만 해도 기관차 소유주들은 이 점에서 끔찍한 수준 미달 행동을 보여주었다. 미국 철도산업의 대부 밴더빌트(Vanderbilt)는 "대중은 얼어 죽을!"이라는 신랄한 발언으로 회사에 어마어마한 적들을 양산했다. 최악의 부메랑으로 돌아온 또 다른 발언으로는 "감당할 수 있겠지"가 있다. 화가 나서 뱉은 말이 종종 좋은 슬로건은 될지 몰라도 사업에는 좋지 않다. 이런 표현은 시간이 지날수록 더 나쁜 영향을 미치는 광고가 된다. 이런 표현은 입에서 섣불리 나와버린다. 그리고 안타깝게도 잘 잊히지 않는다. 철도가 되었든, 냉장고 혹은 로맨스가 되었든, 뭔가를 팔려고 할 때는 분위기를 잘 잡아야 구애에 성공한다!

51 대부분의 기획위원회에서 유일하게 안 보이는 사람이 있다. '전형적인 소비자.'

52 경영진은 토론을 하려고 회의에 참석하는 게 아니다. 결정을 내리려고 참석하는 것이다.

광고는 메시지
(message)가 되든가
쓰레기(mess)가 되든가,
둘 중 하나다.

53 논리도 좋고, 수학도 좋다. 하지만 사람들은
수학으로 물건을 사지 않는다. 만약 그랬다면
물건 판매도 간단한 산수였을 것이다.

54 광고는 인간의 마음과 생각의 연금술을 다룬다.
그렇기 때문에 단순한 수학 공식으로 환원할 수가
없다. 인간 방정식을 시험관이나 줄자, 미터기로
측정할 수는 없다.
그렇다고 해서 우리가 과학적 조사 결과를
무시하거나 얕보아도 된다는 말은 아니다. 무슨
일이 있더라도 조사는 더 많이, 추측은 더 적게
하라. 확실한 테스트 도구라면 뭐든지 활용하라.
그러나 그 결과는 가이드로만 삼고 신(神)으로
모시지는 말아라.
내가 좋아하는 친구이자 프랑스 문예훈장을 받은
전설적인 카피라이터 데이비드 오길비가 이
점을 깔끔하게 요약한 적이 있다. "오늘날 광고
담당자나 마케팅 담당 임원을 보면 리서치 결과를
마치 술 취한 사람이 가로등 쓰듯이 사용하는
사람이 너무 많다. 가로등을 조명으로 쓰지 않고
몸을 지탱하는 지지대로 쓴다."

55 스타치(Starch)와 닐슨(Nielsen) 사이에서 불쌍한

브래드스트리트(Bradstreet)는 리서치 결과가 아예 없는 것 같다! (스타치, 닐슨, 브래드스트리트는 모두 소비자 조사 회사 이름이었다-옮긴이)

56   회계 담당 임원들을 보면 중요한 사람이 되고 싶은 콤플렉스 때문에 비용 자체보다는 자신의 존재감에 더 관심을 갖는 듯한 사람들이 종종 있다.

57   '시장'은 사람으로 구성된다. '분위기'는 인간의 행동이 만든다. 그 시장 분위기를 판매로 연결하는 데는 '돈'이 든다.

58   "광고는 화덕과 같다. 계속 석탄을 퍼서 넣어줘야 한다." 누가 한 말일까? 방문판매 영업사원 출신 CEO 리글리 주니어(Wrigley, Jr.)의 말이다.

59   건강한 논쟁이 없는 회사는 건강한 회사가 아니다.

60   벤자민 프랭클린이 프랑스에 갈 때는 두 달이 걸렸다. 지금은 몇 시간만 날아가면 된다. 광고도 인간의 행진에 맞춰 진보해왔다.

61 나도 좋은 일에 돈을 쓰는 것은 분명히 좋다고 생각한다. 구석에 발송인 주소가 적혀 있기만 하다면 말이다.

62 현대의 판촉 활동에서 제1계율은 '뭘 줘버려도 될까?'가 아니라 '뭘 팔 수 있을까?'가 되어야 한다. 누가 이단(異端)이라고 몰아붙이더라도 이 원칙을 최대한 활용하라!

63 지금 많은 회사들은 지표의 개수는 좀 줄이고 머리를 더 쓸 필요가 있다. 모든 판매 동향이 다 위기이고 대수술이 필요하다면 뭔가 잘못되어도 크게 잘못된 것이다. 마치 환자만 오면 모두 (필요하든 안 하든) 커다란 바늘부터 꽂아대는 형국이다. 정상적 흐름은 없고 모든 게 억지 밀어내기 식이다. '인위적으로 절박함을 만들어'낸다면 결코 잘 돌아가는 병원의 모습은 아니다. 다들 말로는 '장기 계획'이 중요하다고 하면서 실제로는 하루하루 세일즈 푸시에 급급하다.

64 사업상 적합한 자극제로 사용되는 프리미엄이나 경품, 콘테스트, 할인 판매 등에 반대할 생각은

전혀 없다. 하지만 매일 밥 먹듯 사용한다면 결사반대다. 기발한 장치나 물건을 생각해내는 것은 어렵지 않다. 어려운 것은 사람의 마음과 생각을 탐구해 정말로 판매를 촉진할 수 있는 아이디어를 찾아내는 일이다. 이따금 약간의 자극은 즐기는 사람도 있겠지만 순조롭게 돌아가야 할 메커니즘이 만성적으로 덜컹거리는 거라면 건강하지도, 이익이 되지도 않는다. 교훈: 마약 중독자가 돼버린 회사는 머리를(사장을) 새로 달아야 한다.

65   카피 쓰는 법의 황금률은 아직 아무도 개발하지 못했다. 그게 그렇게 쉬웠다면 자 한 자루만 있으면 됐을 것이다.

66   훌륭한 카피 한 줄은 훌륭한 화물열차처럼 이윤을 잔뜩 실어온다. 차량을 잘 확인하라. 빈 칸이 있는지 찾아보라. 커플링(연결고리) 장치에 주의하라.

67   자료집이 있으면 좋다. 지략이 있는 사람은 더 좋다.

68   가장 큰돈을 벌어다주는 음악은 끝없이 다른
테마가 이어지는 작품이 아니라 같은 테마의
변형에서 나온다. 그게 바로 '멜로디(melody)'와
'메들리(medley)'의 차이다.

69   질문을 명령으로 바꾸면 광고가 판매로 변한다.

70   쿠폰은 환자의 진단을 도와주는 체온계와 같다.
카피에 대한 소비자 반응이 뜨거운지 차가운지는
알려주겠지만, 그 결과는 숭배해서도 무시해서도
안 된다.

71   일부 카피 팀장들은 작가에게 이렇게 소리를
지르던 영화 프로듀서를 떠올리게 한다.
"이야기에 집중하라고 했지, 거기에 시간을 많이
쓰라고 하진 않았다고!"

72   수많은 카피는 확신에 불타는 것으로 시작해 바싹
타버리는(망치는) 것으로 끝난다.

73   성경이 아직도 베스트셀러 1위인 데는 두 가지
이유가 있다. 첫째, 텍스트가 시대를 초월한다.
둘째, 권위자의 목소리가 들어 있다.

74　DM 광고를 너무 많이 보내면 휴지통만
　　배불러진다.

75　거짓말을 멀리하는 풍조는 광고를 위해서 건강한
　　일이다.

76　광고 회사는 구사업을 광고하면서 신사업을
　　끌어와야 한다.

77　오늘날에는 사람과 생각이 기계와 방법론의
　　속도에 보조를 맞춰야 한다.

78　아무리 똑똑한 사람도 '끝까지 부지한' 사람에게는
　　대처가 불가능하다.

79　장대한 연설을 하나 들어보자. "남들이 봐주길
　　바란다면 일어서야 한다. 남들이 들어주길
　　바란다면 목소리를 내야 한다. 그러나 고맙다는
　　말을 들으려면 자리에 앉아야 한다."

80　사업이 관절염에 걸리는 때? 직원 수를 늘리는
　　바람에 광고비가 쪼그라들 때.

81   '체계적' 의심을 통해 배우는 사람도 일부 있지만 나머지는 그냥 병이다, 의심병.

82   기억날지 모르겠지만 하버드대학교의 찰스 W. 엘리엇(Charles W. Eliot) 박사와 할리우드의 루돌프 발렌티노(Rudolph Valentino)는 같은 날 죽었다. 엘리엇 박사는 두 문단으로, 발렌티노는 두 페이지로 기사가 나왔다. 슬픈 논평이지만 훌륭한 카피 교훈!

83   어느 유명한 의사가 이런 말을 남겼다. "직관에 의한 진단이란 잘못된 결론에 빠르게 이르는 방법이다." 광고에도 맞는 말이다!

84   광고 회사란? 혼란이 조직화되어 있는 그림.

85   밥값을 하는 크리에이티브 종사자 중에서 출산 시간을 정확히 시간표대로 운영하는 사람은 없다. 아기는 전혀 예상치 못한 순간에 태어나기 마련이다.

86   "모 아니면 도"라고 말하는 크리에이티브 종사자는 자신도 인간이고 그래서 항상 실수 없이

히트만 칠 수는 없다는 사실을 잊어버린 것이다.

87   훌륭한 외과의사와 훌륭한 광고 작가의 공통점은
'빠르게 노출'시키는 기술이다. 그들은 칼 한 번을
허투루 휘두르지 않는다.

88   사람은 무엇으로 사는가? 칭찬과 연봉 인상(What
men live by: praise and raise).

89   최고의 작품을 사고 싶으면 최고의 돈을 내야
한다.

90   공장은 불태울 수 있어도, 훌륭한 광고를 통해
다년간 쌓아올린 명성과 좋은 평판은 불태울 수
없다.

91   미국의 라이프스타일은 광고에 크게 빚지고 있다.
그 반대도 마찬가지다.

92   "인생을 다시 시작할 수 있다면 나는 다른
무엇보다 광고업계로 진출할 것 같다. 광고는
인간의 모든 필요를 다루기도 하고, 또 진정한
상상력과 인간 심리에 대한 깊은 연구를

결합시키기 때문이다." 누가 한 말일까? 다름 아닌
미국 32대 대통령 프랭클린 루스벨트다.

93 아이디어(idea)와 이상(ideal)의 공통점은 이것이다.
들떠 있어야 하고 어디든 가서 무엇이든 해봐야
한다는 점이다.

94 샐러드를 만들든, 세일즈를 만들든, 양념을
빼놓으면 안 된다.

95 정신의 마요네즈는 논리의 윤활제다. 양념이
있어야 팩트도 더 맛이 난다.

96 새로운 포장을 디자인할 때는 이 점을 기억하라.
"앞면은 팔리게 만들고, 뒷면은 이야기를
들려줘라(The front should sell, the back should
tell)."

97 듀엣이란? 남자는 할 말을 하고, 여자는 뜻대로
하는 것(Man has his say. Woman has her way).

98 다른 모든 것과 마찬가지로 광고도 최고의 작품을
만드는 사람은 시간이 없는 사람이다.

99   광고계에서 커리어를 오랫동안 이어가는 방법: 깔끔함과 호기심을 유지하라.

100   '최후 분석' 따위는 없다. 늘 우리가 너무 일찍 그만두는 것뿐이다.

101   다른 건 모두 잊어도 이것만은 기억하라. "제품을 움직이고 싶으면, 사람을 감동시켜라(To move products, you must move people)."

copy
capsules

광고에
관한
조언

102   이 책의 진짜 목표는 여러분 자신이 '생각 열차'의
배차 담당자가 되는 것이다.

103   팔려고 하는 제품이나 서비스에 대해 들을 수
있는 것은 모두 듣고, 알 수 있는 것은 모두
알아내라. 알아낸 것은 모조리 흡수하라. 모든
각도에서 생각하라. 상사, 담당자, 카피 팀장의
말에 모두 귀를 기울여라. 심지어 광고 의뢰인의
말에도 귀를 기울여라. 하지만 일단 자리에 앉아
문구를 쓸 때는 무엇보다 '내 심장이 노래하는
것'에 귀를 기울여라. 카피가 마음을 울리지
못하면 현금 들어오는 소리도 안 울린다.

104   매일 적어도 한 시간은 대뇌가 멀리 밖으로
돌아다니게 하라. 광고로부터 완전히 벗어나라.
완전히 낯선 것을 읽어라. 오늘 한 일과 전혀 다른
글을 써라. 쓸 게 없으면 연애편지라도 써라. 단,
부치지는 마라.

핵심은 이것이다: 더 좋은 광고쟁이가 되고
싶다면 광고에서 벗어나라.

105 자전거 타기를 좋아하는가? 〈굿바이 미스터
칩스〉라는 책으로 세계적 성공을 거둔 제임스
힐턴은 자전거를 타다가 책의 아이디어를
떠올렸다고 한다.

106 지난달에 만들었던 기발한 카피가 기억나는가?
뭐라고 했나? 당신도 기억 못하는 걸 대체 누가
기억할까?

107 관점을 제대로 잡았다고 확신한다면, 열심히
싸워라. 광고 의뢰인도 용기를 존중해줄 것이다.
'광고 영안실'에 뻣뻣이 누워 있는 것 중에는 세계
최고의 아이디어도 여럿 있다.

108 광고 작가에게는 모든 게 다 소재다. 보는 것,
듣는 것, 읽는 것, 느끼는 것, 일어난 일, 안 일어난
일까지도.

109 아이디어는 대체 어디서 올까? 브레인스토밍
기법을 창시한 미국의 위대한 크리에이티브 코치

중 한 명인 알렉스 오즈번(그는 상상이 평생 취미였다)은
아이디어의 기원을 간단히 이렇게 표현했다.
"대부분의 아이디어는 다른 아이디어가 조금씩
조금씩 바뀌어온 결과다."

110 같은 인간들을 이해하는 데 도움이 되는 것이라면
무엇이든 당신을 더 좋은 광고쟁이로 만들어준다.

111 정신적으로 예리해지고 싶다면 모든 것에 꾸준한
호기심을 키워라. 머릿속으로 세상을 돌아다녀라.
요컨대 머리는 집시처럼 거침없이 돌아가게 하고
두 발은 단단한 땅을 딛고 서라.

112 프랑스의 소설가 겸 평론가 아나톨 프랑스(Anatol
France)는 말했다. "인간의 가장 큰 미덕은 아마도
호기심일 것이다."

113 기억하라. 구매와 상관없는 전망을 이야기해도
된다. (다만 부디 TV나 라디오 쪽 부서로 옮기기 바란다.)

114 판매를 만들어내는 것과 판매를 종결짓는 것은
별개다. 그만둬야 할 때가 언제인지 배워라.
다윗과 골리앗 식으로 말하자면, 훌륭한

세일즈맨과 마찬가지로 '**수많은 거인** (판매)이 **나귀의 턱뼈에 죽었다** (성경 속 삼손은 바닥에 널브러진 나귀의 턱뼈 하나를 집어 들고 칼과 창으로 무장한 병사 1,000명을 죽였다-옮긴이)'.

115 기민한 작가는 평범한 사람들 속에 비범한 가능성이 있음을 안다. 그렇기 때문에 그는 보통 사람들을 내려다보지 않으며, 그들에게 '맞춰' 쓰지도 않는다.

116 똑똑한 작가는 꽃을 심기 전에 잡초부터 제거한다.

117 훌륭한 작가의 수원 (水源)은 그의 머리다.

118 케이크 만드는 모습을 한번 지켜보라. 밀가루를 체에 많이 칠수록 케이크의 질감이 고와진다. 훌륭한 카피는 언제나 체로 걸러야 한다.

119 '내부 회의'란 '외부 문제'를 해결할 수 있을 때만 좋은 것이다.

120 작은 두드림이 아름드리 참나무도 쓰러뜨릴 수

광고 작가에게는 모든 게 다 소재다. 보는 것, 듣는 것, 읽는 것, 느끼는 것, 일어난 일, 안 일어난 일까지도.

있다고 한다. 작은 광고가 큰일을 해낼 때도 있다.

121 **훌륭한 세일즈맨은 상점에 들어갈 때 판매를 염두에 둔다.**

122 판매 문제에 대한 첫 번째 접근법은 '말을 만들어봅시다'가 아니라 '문제에 직면합시다'가 되어야 한다.

123 팩트부터! 뭐든 알고 시작해야 한다.

124 아무리 일을 잘하는 사람도 팩트(fact)를 넘어설 수는 없다.

125 광고는 판매 여건이 좋지 않을 때 많은 역할을 할 수 있다. 하지만 희망이라는 성층권이 아니라 현실이라는 땅에 충실해야 한다.

126 오늘날 광고인은 광고 이상의 것을 알아야 한다. 광고의 사회적, 경제적 의미를 알아야 하며, 인간에 대한 광고의 의무와 책임에도 민감해야 한다.

127   "소비자는 바보가 아니다. 당신 아내가 바로 소비자다. 소비자는 어린애가 아니다. 소비자는 어른이다." 누가 한 말일까? 광고계에서 가장 많이 회자되는 카피라이터 데이비드 오길비의 말이다. 점심을 먹으며 그가 나눠준 고단백 사례를 몇 가지 더 제시하면 다음과 같다.

"광고에서 위대함의 시작은 '눈에 띄고' '남다른' 것이다. 실패의 시작은 '안 보이고' '늘 해오던' 것에 있다."

"광고가 타협을 하면 잊힌다. 뭘 하든 끝까지 밀어붙여라."

"광고는 읽어주는 사람이 없으면 팔 수 없다. 교회가 텅 비었는데 영혼을 어찌 구제할까?"

"훌륭한 캠페인은 아무리 오래 되어도 진부하지 않다. 훌륭한 광고는 아무리 반복해도 질리지 않는다."

"광고를 더 좋게 고치는 것은 아무리 늦었어도 좋은 일이다. 광고 의뢰인이 OK한 후라도 상관없다."

128   말보로 맨, 켈로그 토니 호랑이 등 전설적 광고 캐릭터를 창조한 리오 버넷(Leo Burnett)이 남긴 번득이는 말 4종 세트.

"너무 많은 광고가 소비자의 수준을 넘지
않으려다가 결국은 눈길 한번 못 받는다."
"나쁜 광고는 그 어느 바보라도 쓸 수 있다. 진짜
천재만이 좋은 광고를 더 이상 손대지 않을 수
있다."
"가장 열기 어려운 것은 닫힌 마음이다."
"하늘을 향해 손을 뻗는다면 별을 따기
어려울지는 몰라도 진흙을 잔뜩 묻히지는 않을
것이다."

129 주유기에 동전을 넣은 듯한 소리가 나는 광고가
너무 많다.

130 광고는 짧아도 요점을 담을 수 있다. 하지만 그
요점의 근거는 확실해야 한다.

131 요즘은 가발처럼 어색하고 이솝 우화처럼 믿기지
않는 광고가 너무 많다.
교훈: 거짓을 없앨수록 더 좋은 그림이 나온다.

132 '제품'보다는 '예상 고객'과 가까워지는 게
중요하다. 제품에 관해 영리하고 설득력 있게
이야기하려면 제품을 알아야 한다. 하지만 제품을

너무 잘 알아서 내가 왜 고용되었는지까지
잊어버려서는 안 된다. 전에 내가 알던 사람은
엔진오일 회사를 고객으로 두었는데 엔진오일을
너무 잘 알게 된 나머지 그 회사의 휘발유
엔지니어처럼 말하게 됐다. 물론 광고도 그런
식으로 썼다. 그는 어떻게 됐을까? 엔진오일
회사로 이직했다.

133   훌륭한 사진은 렌즈와 피사체 사이에 아무것도
끼어들지 않는다. 훌륭한 광고는 제품과 소비자
사이에 아무것도 끼어들지 않는다. 끼어들려고
하지 마라.

134   사용법만 알면 여백도 화살이 될 수 있다.

135   무대의 달인은 결코 단조롭게 말하지 않는다.
자신의 말이 관객에게 전달될 쯤에는 열정의
50퍼센트가 이미 소실된다는 점을 알기 때문이다.
광고를 쓸 때도 이 점을 명심하라.

136   체커 놀이는 머릿속으로 하라. 충분히 생각하고
나면 카피는 저절로 써진다.

137 생각은 이탈리아제 대리석처럼 하고, 견해는
평범한 찰흙에 새겨둬라.

138 이미지는 내 제목을 보충하는 것이어야 한다.
반대 방향도 마찬가지다. 그저 하나가 다른
하나를 '반복'해서는 안 된다.

139 발전적인 사람에게 '졸업'이란 없다. 시야가
계속해서 넓어지는데, 가만히 서 있을 수는 없다.
올라가거나 내려가거나 둘 중 하나다.

140 끝없는 허기짐을 느껴야 마음의 양식이 채워진다.
배움을 그만두면 한 발도 더 나가지 못한다.

141 '일'은 귀찮은 대상이 아니라 도전의 대상이다.

142 아픔 없이 성장할 수는 없다.

143 똑똑한 어른이라면 누구나 학자들이 '마음의
검열'이라고 부르는 것을 가지고 있다. 어떤
생각이나 단어가 머릿속으로 들어오려고 할
때마다 '가라, 서라'와 '예스, 노'를 말하는 친구다.
나의 메시지는 이 '보이지 않는 검열관'을 통과할

수 있겠는가?

144   성공하는 광고에 (마술에서 보듯이) 숨겨진 스프링이나
비밀 통로, 칸막이 같은 것은 없다. 광고는 그냥
판매라는 문제를 해결하는 작업이다. 제대로
가늠해서 만든다면 문제는 그리 복잡하지 않다.

145   훌륭한 카피라이터는 훌륭한 변호사와 같다.
주어진 팩트를 최대한 활용해 재판에서 이긴다.

146   전문적으로 다작을 하는 작가에게 누가 물었다.
"글을 어디서부터 시작하십니까?" 그가 대답했다.
"한가운데보다 약간 앞쪽이요. 강아지 들어 올릴
때처럼요." 카피도 마찬가지다.

147   좋은 광고는 좋은 공학적 산물이다. 최대한
평평한 곳에 노면을 깔 생각을 해라. 가장 저항이
덜한 문장부터 시작해라.

148   광고는 토론보다 분해가 필요하다. 실수를 통해
배우려면 어디서 틀렸는지 알아야 한다.
언젠가 광고쟁이가 머리를 풀고 남들에게
대머리인 부분을 보여줄 날이 있을 것이다. 바로

그날 광고의 과학이 한 뼘 더 성장할 것이다.

149 두 번째 문장은 독자가 세 번째 나오는 문장을
읽도록 만들어야지, 첫 번째 문장으로 되돌아가게
해서는 안 된다. 의사들은 이것을 '리버스 연동
운동'이라고 부르고, 나는 이것을 '잉크 역류'라고
부른다. 쉽게 말해 '흐름을 깨지 마라'!

150 옆에 구겨진 종잇조각을 수북이 쌓아놓은
카피라이터를 보면 나는 항상 편집실 바닥에
필름을 수북이 쌓아놓은 영화감독이 생각난다. 왜
버릴 건 버리지 않는가?

151 영국의 역사가 겸 사상가 토머스 칼라일은 다음과
같은 말을 했다. "끊임없이 뭔가를 끼적이는 것은
생각이 죽은 것이다."

152 제대로 된 '아이디어'를 가지면, 제대로 된 '말'도
생각날 것이다.

153 돈이 되는 카피를 쓰면 단순한 '소리'가 '논리'처럼
들린다.

154 어떤 카피는 국소마취조차 하지 않고 당신 지갑을
뒤져 돈을 훔쳐간다. 거의 '외과적 설득'이라고
부를 수 있을 정도다.

155 내 카피를 칭찬하는 것은 누구나 할 수 있다. 내
카피를 '감정'할 수 있는 사람은 몇 명이나 될까?

157 오늘날 카피 중에는 그저 과장 광고가 너무 많다.
그중 다수는 완전히 쓰레기다. 원래부터 나빠서가
아니라 좋은 음식을 엉뚱한 테이블에 내놓는
경우가 많기 때문이다.

158 거들먹거리기 좋아하는 사람들에게: 카피
쓰기를 우습게 봐도 될 만큼 훌륭한 사람은
없다. 그렇게까지 카피를 잘 썼던 사람은 아무도
없으니까.

159 일부 작가는 항상 기행을 저지른다.

160 건강하다는 신호: 오늘날 제정신인 사람들 중에서
카피라이터가 '기발하다'고 말하는 사람은 거의
없다.

161 늘(chronic) 트집 잡고(cavil) 투덜거리는(complaint)
것이 특징인(characterized) 카피라이터는(copy man)
두운법이 문제가 아니라 정신적 불균형이 문제다.

162 강력한 기술로 뒷받침해주지 않으면 안 되는
카피는 치명적인 빈혈을 가지고 태어난 것이기
때문에 오래 살아남을 수가 없다.

163 당신의 기억이 곧 당신이다. 훌륭한 예술가나
작가는 관찰하고 기억한다. 그가 손으로 그리거나
적는 것은 머리에서 나온 것이다.

164 모든 제품이나 서비스에는 중심이 되는
'아이디어'가 깊숙이 숨겨져 있다. 그 아이디어를
찾아내서 구현하고 대중의 구미에 맞게 때맞춰
내놓아야 한다. 그렇지 않으면 어떻게 될까?
뒤죽박죽인 말장난에 어지러운 이미지, 모호하고
무기력하고 지루하고 의미 없는 광고만 줄줄이
나올 뿐이다! 게다가 이 아이디어는 체력
테스트를 거쳐야 한다. 1차 예선을 거쳐야만 결승
경기에 나갈 수 있다. 처음부터 큰 아이디어가
완성된 채로 탄생하는 경우는 거의 없다.

165 '병이란 없다. 환자가 있을 뿐이다.' 나쁜 광고란 없다. 판매상의 문제가 있을 뿐이다. 그 문제는 개별적으로 접근해서 치료해야 한다.

166 수많은 광고가 계몽적으로 시작해서 그저 위치만 알려주고 끝난다. 길모퉁이에 서서 도서관이 어디인지 알려주는 경찰관은 도서관 '안에' 뭐가 있는지는 알려주지 않는다.

167 활자든 매출이든 처방은 똑같다. '개별 사례를 살펴보라.'

168 기억하라. 활자가 너무 크면 읽는 데 오래 걸린다. 각 단어에 눈이 머무는 시간이 소리 내서 말하는 시간보다 길어서는 안 된다. 활자란 인쇄된 내 목소리이기 때문이다.

169 황동 명패에 술 장식은 적당히 달아라. 세상 사람들은 대부분 이등병(buck private)이고 돈 없는 경우(buck-poor)가 많다.

170 광고에서는 타이밍이 아주 중요하다. 더 중요한 것은 효모가 일할 시간을 주는 것이다. 커티스

출판사에서 일하며 미국의 상업적 연구 분야를 개척한 C. C. 팔린은 이 점을 다음과 같이 깔끔하게 요약했다. "갓난아이를 1년 만에 어른으로 만들 수 있다고 생각하면 안 된다."

171 통신판매 광고만 제외하고, 카운터에서 뭔가를 주고받기 전까지는 광고에 아무 일도 일어나지 않은 것이다. 그러니 카피를 고민할 때는 '끝에서부터 시작해라'.

172 간단하고, 짧으면서, 아무 내용이 없을 수도 있다. 콘텐츠는 중요하다!

173 훌륭한 세일즈맨은 어떻게 계약을 마무리하는지 안다. 카피라이터도 마찬가지다. 덴마크에 이런 속담이 있다. "모든 것에는 하나의 끝이 있다. 소시지만 빼고. 소시지는 끝이 두 개니까."

174 "말의 의미를 묻는 것은 전부를 묻는 일이다." 언제나 호기심을 유지하라. 언제나!

175 G. E. 위저드 스타인메츠(G. E. Wizard Steinmetz)도 똑같은 철학을 갖고 있었던 것 같다. "사람이

정말로 바보가 되는 것은 질문을 멈출 때다."

176   셔우드 앤더슨이 타고난 소설가라는 사실은
수백만 명이 알지만, 그가 타고난 카피라이터임을
아는 사람은 많지 않다. 시카고의 크리치필드
광고 회사가 미국 광고업계에서 잘나가던 시절의
얘기다. 1941년 그의 죽음과 함께 미완으로 남은
〈회고록〉의 마지막 부분에서 앤더슨은 특유의
정직한 표현으로 자신의 자화상을 그려낸다.
"그래서 지금 나는 30년째 작가인데도 아직도
형편없는 글을 쓰는 날이 너무 많다. 비평가들은
나를 혹평도 하고 칭찬도 하고, 누구는 나를
천재나 개척가, 사색가라고 부르고, 내가
명민하다는 사람도 있고, 흐리멍덩하다는 사람,
더듬기만 한다는 사람도 있다. 마지막 말은 좀
충격이었다. 더듬는다는 말이 내가 답을 모른다는
뜻이라면 그래 뭐 괜찮다."
교훈: 답을 모두 알고 있다면, 질문을 다 하지
않은 것이다.

177   대부분의 사람을 '납득'시키기는 아주 어렵다.
그들을 '설득'하는 것은 상대적으로 쉽다. 광고
작가에게는 큰 축복인 셈이다.

178 쓸 만한 기본 카피에는 절박함을 얼마나 담아야
할까? 스팀 보일러에 스팀이 좀 과하다 싶을 때는
이렇게 자문해보라. '이 시대의 불같이 조급한
세태보다 오래 살아남을 광고가 얼마나 될까?'

179 망설여질 때는 **빼라.**

180 대단한 문필가였던 영국의 시인 겸 평론가
새뮤얼 존슨이 로마 최고의 시인으로 불리는
베르길리우스에 관해 한 말이 있다. "그는 아침에
어마어마한 양의 글을 쏟아 내놓고 그걸 줄이느라
남은 하루를 보냈다고 한다." 오늘날 광고에도
같은 조언을 할 수 있겠다! 현자 새뮤얼은 또 하나
일리 있는 말을 남겼다. "마음의 소풍을 가장 넓게
다니는 방법은 짧은 여행을 자주 가는 것이다."

181 카피의 운율은 에설 머맨(Ethel Merman)의 유명한
노래에서 힌트를 얻을 수 있다. "자연스럽게 돼야
해요." 당신의 핏속에 리듬이 없다면 절대 카피에
리듬을 넣을 수 없다.

182 카피라이터들에게 따뜻한 조언 하나: 빙산을
연구하라. 8분의 7은 수면 아래에 있다.

183 글을 읽는데 이상하게도 까다로운 부분을 만나면 천천히 생각하라. 이리저리 굴려보고, 잘근잘근 씹고, 소화시켜봐라. 그리고 자신이 어떤 생각을 했는지 알아보라.

184 바로 그런 뜻을 가진 단어가 사전에 있다. '객관성.' 쉽게 말해서 '스스로를 잊어라'.

185 자기 자신을 시험해보는 것을 두려워하는 사람은 초짜뿐이다.

186 작가라면 누구나 '건강한 불만족'을 활용해야 한다.

187 스스로를 훌륭하다고 생각하는 순간, 당신은 '생각'을 그만둔 것이다.

188 많은 작가들이 '대충하기'와 '쉬운 말'을 헷갈려 한다. 아직까지 누구도 '쉬운 말'을 훌륭히 대체할 물건은 찾지 못했다. 돈벌이에는 하나도 애매할 것이 없다.

189 글쓰기에서 최고의 요령은 요령을 부리지 않는

것이다.

190 바이올린 거장 프리츠 크라이슬러(Fritz Kreisler)는
80세 생일 때 이렇게 말했다. "지금은 속도의
시대지요. 그 점은 예술에도 영향을 미쳤습니다.
솜씨나 기교를 보여주려고 많은 작품이 너무
빠르게 연주되고 있어요. 너무 많은 음악가가
사기꾼처럼 되었습니다. 그런 사람들이 음악의
심장을 없애버렸습니다." 광고를 만드는 우리도
사기꾼이 되고 있는 건 아닌지, 인간적 호소에서
가장 중요한 것을 놓치고 있지는 않은지 살펴봐야
한다.

191 보기 드물구나! 그렇다. 현실 감각에 상상력을
활용하는 사람은 매우 드물다.

192 카피를 우습게 보는 사람은 보통 카피를 쓸 줄
모르는 사람이다.

193 할리우드의 법칙은 간단하다. 남자 둘에
여자 하나. 아니면 여자 둘에 남자 하나거나.
그리고 그들을 섞으면 된다! 우스운가? 전혀
그렇지 않다. 이 법칙은 전 세계 수백만 명에게

호소력이 있었고, 박스오피스에서 수백만 달러를 거둬들였다. 그러면 왜 어느 작품은 대박이 나고, 어느 작품은 쫄딱 망하는가? 처리하는 방법 때문이다! 똑같은 기본 재료여도 요리하는 기술과 양념, 쇼맨십이 다르기 때문이다.

194 프랑스 작가 라 로슈푸코가 살던 시절에는 카피라이터가 없었다. 그럼에도 그가 남긴 경고는 오늘날에도 새겨들을 만하다. "영리하게 보이고 싶은 욕심 때문에 우리는 자주 영리하지 못한 짓을 한다."

195 계속 자신의 정신을 괴롭히지 않는다면, 정신 스스로가 진짜 문제를 만들어낼지도 모른다.

196 모든 크리에이티브 메커니즘은 이따금 정밀검사가 필요하다. 가끔씩 아래쪽을 뒤집어엎지 않으면 위쪽이 건강할 수가 없다.

197 조롱은 대단한 무기지만, 조심스럽게 다뤄야 한다.

198 현대인들의 자존심은 끊임없는 부풀림을

망설여질 때는
빼라.

요구한다. 똑똑한 광고 작가는 '나 자신'에 대한
생각에서 절대로 바람을 빼지 않는다.

199   구약성서 구절 그대로다. "너는 이 묵시를
기록하여 판에 명백히 새기되 달려가면서도 읽을
수 있게 하라(구약성서 하박국 2장 2절 중 일부-옮긴이)."

200   다시 시도해도 된다. 아킬레스(Achilles)처럼 당신의
천막 구석 어두운 곳에서 샐쭉해 있는 것보다는
낫다.

201   남들이 당신을 밟을 수도 있겠지만, 그렇다고
가던 길을 멈춰서는 안 된다.

202   깨지기 쉬운 것은 카피 근처에 두지 마라.

203   신선한 관점은 좋다. 빈 수레만 아니라면.

204   언어의 뿌리는 중요하다. 더 중요한 것은 삶의
뿌리다.

205   훌륭한 카피는 훌륭한 삶의 한 단면이다(A good
piece of copy is a good slice of life).

206   카피라이터의 임무는 소비자에게 깊은 인상을
남기는 것이지, 내가 인상적인 사람이 되는 게
아니다.

207   처음부터 '카피의 정신'을 갖고 있다면 필요한
것은 오직 '땀 흘릴 수 있는 능력'뿐이다. 이
능력이 없다면 굳이 땀 흘리지 말고, 다른 영역에
도전해라.

208   일부 카피는 균형 감각을 필요로 하지만,
대다수의 카피는 '감각'만 있으면 된다.

209   매끄럽지 못한 구절을 발견하면, 더 부드럽게
만들지 말고 강하게 만들어라.

210   당신의 머리나 가슴에 있는 것은 아무도 훔쳐갈
수 없다. 관용, 겸손, 연민이 있는 사람이라면
글에서도 뿜어져 나올 것이다.

211   이윤을 내는 열쇠(key)는? 인간적 키보드(keyboard).

212   좋은 취향을 잘 조절하면 감정을 과장할 일은
없다. 영국 정치가 불워 리턴은 이렇게 조언했다.

"인형극을 보았든, 장례식장이나 전장에 있었든, 조롱과 분노, 슬픔을 막론하고 감정이야말로 인간을 가장 평등하게 해준다."

213   5년, 10년, 15년 전으로 돌아가 옛날에 써놓은 카피를 본다면? 이렇게 변화하는 세상에서 '여전히 유효한' 것은 얼마나 될까?

214   카피에 지혜와 온기를 담으려면 당신 자신부터 지혜롭고 따뜻한 사람이 되어야 한다.

215   차가운 동전은 뜨거운 공기에 잘 살아남지 못한다.

216   카피 팀장을 속일 수 있을지는 모른다. 어쩌면 광고 의뢰인도 속일 수 있을지 모른다. 하지만 소비자는 속이지 못할 것이다.

217   글을 카피하는 것은 쉽다. 생각을 카피하는 것은 어렵다. 생각이 분명하면 카피는 저절로 써진다.

218   탐욕이 동기가 되고 욕심으로 움직이는 사람은 (거의 틀림없이) 카피를 잘 못 쓴다. 왜냐하면 좋은

카피의 핵심은 '사심이 없는 것'이기 때문이다.

219 고고학은 한물갔을지 몰라도, 살아 있는 두개골을 탐구하면 여전히 큰돈을 벌 수 있다.

220 진실함과 솜씨를 헷갈리면 안 된다. 좋은 의도를 가진 사람도 사업에는 해를 끼칠 수 있다.

221 품위 있는 카피를 쓰고 싶다면 어깨에 힘을 줄 것이 아니라 품위를 유지해라.

222 새뮤얼 존슨이 벌써 170년 전에 한 이야기다. "글자 수를 두 배, 세 배로 늘려 가면 결국에는 도통 뜻을 알 수 없고 귀에는 들리는데 머리에는 남지 않는 글이 된다." 요컨대 '짧을수록 더 좋다'.

223 더 적은 말로 많은 이야기를 할 수 있다면 소비자가 기억할 것이 더 많아진다.

224 어느 할리우드 스튜디오에 적혀 있는 말: "헝가리 사람인 것만으로는 충분치 않다. 재능도 있어야 한다." 일류 광고쟁이가 되고 싶다면 글을 쓸 줄 아는 것만으로는 충분치 않다. 현금도 벌어들일

줄 알아야 한다.

225   악보를 연주할 줄 아는 사람은 많다.
오케스트라를 만들 줄 아는 사람은 별로 없다.

226   가슴에 제품의 멜로디가 있다면 카피가 노래를
부를 것이다.

227   두려움은 대부분의 작가가 받는 천벌이다. 생각한
그대로 말하라!

228   언제든지 내가 쓴 글 때문에 화가 나거나 괴로울
때는 이 점을 기억하라. "인간 영혼의 중심에 닿을
수 있는 단어는 몇 개 안 된다."

229   훌륭한 편집자와 훌륭한 광고쟁이는 공통점이
많다. 유명한 편집자 월터 하위는 이렇게 말했다.
"판매 부수를 높이는 것만큼 간단한 일도 없건만,
나는 그 비밀을 알아내는 데 긴 세월이 걸렸다.
사람들은 자신에 대한 것보다 제멋대로인 인간이
참회하는 것에 더 관심이 있다!"

230   감정은 품위로 누그러뜨려라. 그러면 절대로

신파가 되지는 않을 것이다. 성공은 겸손으로 누그러뜨려라. 그러면 결코 버릇없는 사람이 되지는 않을 것이다.

231 "말을 아끼는 자는 지식이 있고." 잠언편 17장 27절.

232 앉은 자리에서 눈으로 얼마나 많은 음식을 먹을 수 있을까? 페이지에 지나치게 많은 걸 담지 마라.

233 세상에서 가장 훌륭한 이야기 중 하나인 '탕자의 비유(the Parable of the Prodigal Son)'는 504개의 단어로 되어 있다. 그중에 음절이 하나인 단어는? 정확히 399개다.

234 숨은 뜻이 많을수록 난센스가 줄어든다.

235 요즘에는 들려주는 이야기가 너무 적은 광고가 너무 많다. 난감하다!

236 우리는 "광고에서 좋은 아이디어를 대신할 수 있는 것은 없다"고 자주 이야기한다. 이 말이 정말로 의미하는 것은 '상상을 대신할 수 있는

것은 없다'는 뜻이다. 머릿속에 불이 있는 사람은
제품이 아무리 시시해도 불타오르는 노래(torch
song, 원래 사모곡이라는 뜻-옮긴이)를 쓸 수 있다. 속에
불을 담은(fire in his belly, 원래 야심찬이라는 뜻-옮긴이)
영업 담당자까지 가세한다면 대화재를 일으킬 수
있을 것이다.

237 인류는 희망을 먹고 번성했다. 희망이야말로
순전히 감정이 아니면 뭐겠는가?

238 프랑스의 대문호 빅토르 위고는 말했다. "감정은
언제나 새롭다." 이 풍부한 인간적 원천을
활용한다면 카피라이터가 김빠진 글을 쓸 일은
없을 것이다.

239 정교한 제도(製圖)의 승리로 카피가 나올 수 있다.
동시에 손톱만큼의 가치도 없을 수 있다.

240 '좋은 광고의 10가지 요건' 따위는 없다. 오직
1가지 요건이 있을 뿐이다. '이야기를 통해 물건을
팔아라(Tell and sell)!'

241 배에 하루 종일 짐을 실어도 화물칸에 들어간

것은 짧은 주문서 한 장에 요약할 수 있다. 제품에
대한 이야기도 마찬가지다. 원하는 팩트를 모조리
땔감으로 태워라. 있는 힘껏 증기를 뿜어내라.
하지만 항구로 향할 때는 짧게 써라!

242　카피란 사람의 구조를 이해한 다음, 단어를
　　　구성하는 일이다.

243　겁먹은 상태에서는 좋은 글이 나오지 않는다.
　　　믿음을 가져라!

244　항상 기억하라. 계속해서 믿는 사람은 별로 없다.
　　　대부분의 사람은 냉탕과 온탕을 오간다. 그러니
　　　계속 불을 지펴라.

245　현대의 카피쟁이들 중에 '난해함'이라는 종교에
　　　가입한 사람들은 그게 멋있다고 생각할 수도
　　　있다. 하지만 이내 그들은 그게 바보 같고,
　　　쓸데없으며, 큰 비용을 치른다는 것을 알게 된다.

246　대중에 영합하는 것이 보기에는 좋을 수도 있다.
　　　하지만 좋은 광고는 아니다.

247　카피가 술술 흘러나오려면, 먼저 놔주어야 한다.

248　카피의 난제: '소비자가 원했으면' 하고 내가
　　　바라는 것을 소비자가 실제로 원하게 만들기만
　　　하면 된다.

249　순수주의자(Purist)가 되기 위해 청교도(Puritan)가
　　　될 필요까지는 없다.

250　똑똑한 광고 작가는 똑똑한 편집자를 잘 살핀다.
　　　독자가 이미 비용을 지불했더라도 편집자는
　　　자신의 제품을 독자에게 팔아야 한다는 사실을 잘
　　　알기 때문이다. 또한 똑똑한 광고 작가는 자신의
　　　일이 편집자보다 더 힘든 작업이라는 것도 안다.
　　　왜냐하면 광고는 소비자가 찾아오는 게 아니라
　　　소비자를 찾으러 다녀야 하기 때문이다.

251　카피는 불임 방지를 위한 비타민 E를
　　　열정(enthusiasm)에서 얻는다. 열정 없이는 글을 쓸
　　　수 없다. 하지만 그 열정을 잘 관리하지 못하면
　　　물건이 팔리지 않을 것이다.

252　글 쓰는 법은 가르칠 수 있어도 '느끼는 법'은

가르칠 수 없다.

253 확고한 생각(decisive thinking)과 예리한
글쓰기(incisive writing)를 결합한다면 동원할 수
있는 것은 다 동원한 것이다.

254 '모든 사람에게 직업이란 빚쟁이와 같다'는 영국
철학자 프랜시스 베이컨의 말에 동의한다. 모든
광고쟁이는 스스로 경찰관이 되어야 한다.

255 훌륭한 광고쟁이는 살아가면서 손뿐만 아니라
머리도 높이 쳐들고 다닌다. 그는 끊임없이
질문을 한다 그는 '대상'뿐만 아니라 '이유'까지
알고 싶어 한다.

256 광고를 공부하는 데 지나치게 많은 시간을 쓰고,
사람을 공부하는 데는 지나치게 적은 시간을 쓰는
광고쟁이들이 너무 많다.

257 호소의 기술은 지루하지 않게 반복하는 것이다.
짜증나지 않게 하면서 영향을 미치는 것이다.

258 광고는 성실함에 의존하면서 자신감도 낳아야

'좋은 광고의 10가지 요건'
따위는 없다. 오직 1가지
요건이 있을 뿐이다.
"이야기를 통해 물건을 팔아라
(Tell and sell)!'

한다. 쉬운 일이 아니다!

259 움직이지 않는 영화처럼 지루한 것은 없다.
정적인 광고보다 더 지겨운 것은 없다.

260 사람들에게는 웃긴 면이 있어서 좋은 유머는 좋은
사업이 된다.

261 유머 이야기가 나왔으니 말인데, 진짜 전문가가
해주는 전혀 웃기지 않은 조언이 하나 있다.
미국 시인 리처드 아머(Richard Armour)의 말이다.
"독자는 유머를 조금씩만 받아들일 수 있다.
간결(brevity)과 경박(levity)이 라임이 맞는다는 것은
벌써 오래전에 지적되었다."
그리고 이렇게도 말했다. "푸딩에 딱 맞는 농도가
있듯이 유머에도 딱 맞는 농도가 있다. 너무
딱딱해도 안 되고 너무 흘러내려도 안 된다.
독자는 많이 묽은 음식을 계속 먹지 않을 테고,
너무나 기름진 음식은 구역질나 할 것이다."
또 이렇게도 말했다. "모든 글이 그렇듯이 힘든
노력은 숨어 있어야 한다. 독자는 힘들이지
않아도 술술 읽힌다는 인상을 받아야 한다.
특히나 유머를 쓸 때는 '노력'의 흔적이 전혀 없는

것이 이상적이다. 작가는 그냥 즐기는 '것처럼'
보여야 독자도 즐길 수 있다."

262   돈을 쓰는 것은 진지한 사업이다. 하지만
글에서는 스스로를 너무 진지하게 생각하지 마라.

263   혈압과 구매 압력은 이런 공통점이 있다. '둘 다
감정에 따라 오르고 내린다.'

264   사랑, 웃음, 눈물, 꽃, 아이, 강아지 같은 것들은
오래된 소재다. 하지만 삶은 이런 것으로
만들어진다. 광고도 마찬가지다.

265   대가에게 늘 해당되는 얘기가 있다. "술수를
부리지 않아도 마법을 부릴 수 있다. 모든 술수는
그의 머릿속에 있다."

266   우리는 인간 정신이 지식을 어디까지 '흡수'할
수 있는지 이야기한다. 그런데 혹시 인간
정신이 지식을 어디까지 '저항'할 수 있는지
측정해본 사람이 있을까? 다음과 같이 말하는
성난 의뢰인에게 물어볼 수 있는 질문이다.
"그건 구식이에요. 우리 제품에 관해 그 점을

모르는 사람은 없어요. 우리가 얼마나 반복해서
말했는데요."

267   15세기에 '광고의 진실'에 관해 훌륭한 비유를 한
사람이 있었다. "인간은 대단한 말하기 능력을
가졌다. 하지만 그 능력의 대부분은 공허하고
기만적이다. 동물의 말하기 능력은 보잘것없다.
하지만 그 보잘것없는 능력은 유용하고 진실하다.
커다란 거짓보다는 작고 확실한 진실이 더 낫다."
누가 쓴 글일까? 다름 아니라 인류사에서 가장
뛰어난 인물인 레오나르도 다빈치의 말이다. 그는
훌륭한 카피라이터이기도 했다. 그는 단 다섯
단어로 그림을 그려냈다. "저 숭엄한 달팽이, 바로
태양."

268   많은 추천의 글이 '실제(actuality)'처럼 들린다.
하지만 그게 '팩트(factuality)'일까?

269   광고쟁이 중에서 훌륭한 비즈니스맨이라고
특별히 영광을 붙일 만한 사람은 아무도 없다.
훌륭한 비즈니스맨이 아니었다면 제대로 된
광고쟁이도 아닐 것이기 때문이다.

270 자외선 주의: 인간의 시각만큼 자주 새로운
태닝이 필요한 것도 없다.

271 공을 먼저 보고 '그 다음에' 방망이에 부딪히는
소리가 들린다. 우리의 첫 번째 반응은 '좋아한다'
혹은 '싫어한다'이다. 이것은 '감정'이다. 그
다음에 우리는 논리라는 척도를 적용해보려고
한다. 이게 '이성'이다.

272 보통 사람은 자신이 원하는 것이나 두려워하는
것을 금세 믿어버린다. '그런 다음에야' 자신의
의견을 뒷받침할 증거를 찾는다.
요약하면, 보통 사람은 '이미 믿고 있는 것'의
근거를 찾느라 정신 생활의 대부분을 소모한다.

273 좋은 광고는 좋은 낚시와 같다. 미끼, 물기, 낚아
올리기가 전부다. 정말이다!

274 사람들은 마천루를 보고 싶어 하지, 철 기둥을
보고 싶어 하는 게 아니다. "예술의 첫 번째
의무는 예술의 자취를 지우는 것이다." 미국 화가
로버트 헨리가 한 말이지 싶다.

275 광고쟁이가 화려한 시선을 노리고 광고를 만들면
종종 봐주는 사람도 하나 없어진다.

276 의학자 윌리엄 오슬러는 이렇게 말했다. "젊은
의사는 질병 하나마다 스무 개의 약을 쓰면서
삶을 시작한다. 늙은 의사는 스무 개의 질병에
하나의 약을 쓰면서 삶을 끝낸다."
광고라고 다를까? 열정에 찬 젊은 시절에 우리는
열 개의 광고를 하나에 전부 때려 넣는다. 소위
'아이디어'끼리 서로 걸려서 넘어진다. 우리는
산탄총 요법을 사용한다. 소비자에게 책 한 권을
통째로 던지면서, '이 문구가 소비자를 쓰러뜨리지
못하면, 다른 문구가 쓰러뜨려주겠지'라고
생각한다.
성숙해가면서 우리는 더 적은 것으로 많은 일을
해내는 법을 배운다. 입이 아니라 눈을 쓰는
법을 배운다. 소비자의 뇌가 즉시 이해하고 그의
마음에 각인될 수 있는 간단한 매력을 찾아내는
법을 배운다.

277 유명한 농담에서 배우는 확실한 조언 하나:
"아내의 모든 친척 중에서 나는 내가 제일 마음에
든다."

278 내 삶에는 관심이 없고 자기 목숨에만 관심 있는
광고가 너무 많다.

279 광고 일을 하는 사람들은 근친상간으로 고생하는
경우가 너무 많다. 그들은 광고를 쓰고, 광고를
읽고, 광고를 이야기하고, 광고와 자고, 꿈에서도
광고를 본다. 그 결과 아이디어끼리 교배를 하여
신기하게도 똑같은 배치와 문구를 가진 콘셉트와
해석이 나온다.

280 광고는 커뮤니케이션(communication)의 예술이다.
하지만 커뮤니케이션을 할 수 있으려면 먼저
이야기를 나누어야(commune) 한다. 사람들과,
자연과, 주변 세상과, 나 자신과 이야기를
나누어야 한다.

281 광고에서 가장 보기 드문 것은 '평범한 상식'이다.

282 엄마, 집, 천국이라는 전통적 영화의 3요소를
현대인들은 큭 비웃을 수도 있다. 하지만 더 좋은
박스오피스 공식을 찾아낸 사람은 아무도 없다.
비슷한 것조차도.

283   입맛(taste buds)을 다시게 하려면 생각(thought buds)을 자극해야 한다.

284   삶이라는 사전에서 가장 큰 두 단어: "나는 원한다(I want)."

285   퇴근할 때에 서랍은 닫더라도 마음은 닫지 마라. 가장 좋은 아이디어는 퇴근 후에 탄생하기도 한다.

286   죽기 직전 프랑스의 딤네(Dimnet) 신부는 글을 쓰고 싶다는 미국인 여성에게서 편지 한 통을 받았다. 그의 답은 다음과 같았다. "글쓰기는 충동의 만족이지만 또한 소명에 대한 복종이기도 합니다. 식이요법을 지키지 못하는 사람이 운동선수가 되기를 바랄 수는 없듯이... 작가의 작업실은 서재가 아닙니다. 그는 작가이고, 그렇기 때문에 어디에 있든 정신적으로 글을 쓰고 있습니다."

287   광고를 생계로 하고 있다면 게으르게 판에 박힌 문구는 쓰지 마라. 데드라인(dead-line)이 곧 생명줄(life-line)이다.

288 화장품은 집에 둬라. 광고는 사업이지 안방이 아니다.

289 진실보다 더 드라마틱한 것은 없다. 문제는 '우리가 진실을 충분히 깊이 팠는가?'다.

290 창의적인 사람은 오늘 벌어진 일 때문에 정신이 무뎌져서는 안 된다. 무찌르든지, 좌절시키든지 해라. 튼튼한 아이디어는 열심히 재탄생되고 끝까지 살아남는다.

291 캐딜락을 운전하고 싶다면 포드를 운전하는 사람들은 무슨 생각을 하는지도 알아야 한다.

292 언제나 인정할 것은 인정해라. 인쇄공의 조언도 옳을 때는 옳다.

293 많이 아는 사람의 비결: 배움을 힘들게 여기지 않는다.

294 자신감과 자만을 혼동하는 사람이 너무 많다. 숙련된 경험을 갖추고도 그런 줄 모르는 사람은 바보다. 자기도 팔지 못하는 사람이 어찌 내

물건을 팔아줄까?

295 '자기 보존의 법칙'은 아담만큼 오래되었다. '개인 관심사의 법칙'은 이브만큼 오래되었다. 둘을 결합한다면 필승이다!

296 나와의 관련(S. I., self interest)이 섹스어필(S. A.)보다 중요하다.

297 제품도 인쇄도 훌륭한 것을 만드는 게 사업에도 좋다.

298 사람들의 감정에 닿으려면 나를 둘러싼 도랑을 건너야 한다. 사람들은 그곳에 산다. 무엇이 사람들에게 적중하는지 알고 싶다면 내가 그 '사람들'이 되어야 한다.
사람들은 책 속에 살지 않는다. 사람들은 그냥 산다.

299 신문이나 잡지의 페이지를 사는 것은 퍼레이드, 인류의 행렬을 사는 것이다. 그러니 그 페이지에 사람이 살도록 하라.

300 인간 본성에 대한 연구는 끊이지 않고 계속되는 작업이다. 우리가 인생의 큰 사건을 결코 충분히 알 수 없는 것은 그 때문이다.

301 여성 시장에 대한 통계를 저울질할 때는 숫자는 숫자에 불과하다는 점을 기억하라.

302 취미와 관심사가 다양할수록 더 좋은 광고쟁이가 될 것이다. 학자이자 작가, 라디오 진행자이기도 했던 윌리엄 라이언 펠프스는 이렇게 말했다. "다양한 주제에 깊은 관심을 가진 사람치고 불행한 사람은 없다."

303 성공을 지속하려면 머리만으로는 부족하다. 버팀목이 필요하다.

304 동전의 양면: 내가 아는 게 뭔지(what) 알아라. 왜(why) 그런지도 알아라.

305 읽는(read) 것은 좋은 것이다. 쓰는(write) 것은 더 좋다. 보는(see) 것이 가장 좋다.

306 이름 없는 사람일 때 주목해준다면 그가 이름

삶이라는 사전에서
가장 큰 두 단어:
"나는 원한다
(I want)."

있는 사람이 되어도 내게 주목해줄 것이다.

307 젊음을 유지하고 싶다면 계속해서 쓸모 있는
사람이 되라. 녹슬고 싶지 않다면 부단히
노력하라(To stay youthful, stay useful. To stay
rustless, stay restless).

308 배가 부를 수는 있어도, 정신이 부를 수는 없다.

309 '생각'과 '행동', '실천'과 '설교', '필요한 것'과
'원하는 것' 사이에는 엄청난 차이가 있다.

310 예술가들에게 전하는 말: 보는 법을 배워라. 두
눈이 최고의 책이다.

311 광고에서도 인생에서처럼 마음을 향해 가라.

312 훌륭한 카피라이터가 알아야 할 사항은
이것뿐이다. '어떻게 하면 정신의 마요네즈로
진실의 맛을 더할 수 있을까?'

313 '글쓰기'와 '판매를 위한 글쓰기'에는 큰 차이가
있다. 하나는 '의미'를 전달하고, 다른 하나는

'신념'을 전달한다.

314 유명세(celebrity)를 얻느니, 기민함(celerity)을 얻는
게 낫다. 명성은 기껏해야 변덕스러운 불꽃에
불과하다.

315 지식은 고무줄이다. 늘일 수 없다면 지식이
아니다.

316 사람들이 나를 영리하다고 하면 우쭐해 하지
마라. 그냥 잔재주가 많다는 뜻일 수도 있다.

317 기름진 음식은 마음의 창고에 넣어두어라.
처음에는 내가 창고에 양식을 제공하지만
나중에는 그 창고가 나에게 양식을 줄 것이다.

318 여성들의 언어: 무엇을 팔더라도 이 점을
기억하라. 여자들은 '예스'라고 말하기 전까지는
'노'다.

319 코넬대학교 모턴 칸(Morton Kahn) 박사는 모기를
죽일 방법을 찾으려고 모기의 생활 습성을
연구했다. 그는 그렇게 해서라도 말라리아와

황열병을 근원부터 차단하고 싶었다. 그는 모기가
서로 소리로 의사소통을 한다고 확신했다. 모기는
종족에 따라서 독특한 짝짓기 음성이 있는데,
어느 종의 암놈이 내는 소리에 다른 종의 숫놈은
반응하지 않는다. 남자 한 명이 쓴 카피에 모든
여자가 반응하지는 않는 것도 그런 이유일까?
충분히 가능하다!

320 광고의 ABC: 딱 맞게(Apt), 짧게(Brief),
분명하게(Clear).

321 광고의 힘은 대단하다. 우리가 대단하지 못해서
그것을 제대로 활용하지 못하는 것뿐이다.

322 현대 광고에 흑주술(黑呪術) 따위는 필요 없다.
마법 같은 어휘도 필요 없다. 필요한 것은 이미
훌륭하게 입증된 원칙과 사례를 능숙히 배열하는
능력과 훌륭한 지휘력이다. 우리가 '이미'
알아낸 공식들을 응집력 있게 이어 붙이는 것이
필요하다. 더 많은 진심과 냉정함이 필요하고,
더 균형 잡혀야 하며, 이리저리 비약하지 말아야
한다. 도전 정신을 가진 신참과 성숙한 정신을
가진 고참의 협업이 필요하다.

요컨대 오늘날 광고에 필요한 것은 '과학적인 일반의 상식'이다.

copy
capsules

카피에
내용과 의미를
담는 법

323   광고는 사업과 전문적 직업이 혼합된 특이한
       경우다. 방점은 '사업'에 있다. 성질을 부릴
       시간도 없고, 주인공의 응석을 받아줄 공간도
       없다. 카피라이터는 감수성이 있으면서(sensitive)
       '동시에' 현명해야(sensible) 한다. 그렇지 않다면 내
       직업이 아니다.

324   훌륭한 카피라이터는 기름과 뼈는 발라서 버리고
       살코기를 향해 직진한다.

325   카피는 캐릭터고, 캐릭터가 전부다. 그게 나의
       상표(label)가 되어주든지 명예를 훼손하든지(libel)
       둘 중 하나다.

326   감동을 주고 욕망을 만들어내는 광고를 쓰려면
       머리를 활용하고 심금을 울려야 한다. 그리고
       스스로 하는 말과 파는 물건에 '신념'을 가져야
       한다.

327 기억하라. 광고는 아무 말도 하지 않은 채 연설을
할 수도 있다.

328 좋은 광고에는 아무런 척도가 없다. 그 무슨
기술을 동원해도 똑똑하지 않을 때가 있고, 그
어떤 텍스트보다 똑똑하게 보일 때가 있다. 모든
것은 제품과 문제와 관객과 타이밍에 달렸다.

329 판매가 훌륭하면 훌륭한 글이고, 그렇지 않으면
망작이다.

330 양념 범벅의 카피에는 온갖 향신료와 좋은 것이
다 들어 있을 수도 있지만, 종종 소화하기가
힘들다. 광고에는 맛과 향이 필요하지만 고추처럼
매워서는 안 된다.

331 요리뿐만 아니라 카피에도 해당되는 말이
있다. "A급 소고기로 요리를 만들면, 육즙이
알아서 다 한다." 음식 얘기가 나왔으니 말인데,
셰익스피어의 〈헨리 4세〉에 나오는 다음 구절은
도저히 저지방식은 안 되겠다.
"팔스타프는 죽을 만치 땀을 흘렸다. 그리고
걸어가는 동안 메마른 땅에 기름을 뚝뚝 흘렸다."

332 대부분의 사람은 닭을 원하지 닭 내장을 원하지는 않는다. 요리는 고기로 해라!

333 확실한 제품 스토리는 영양가가 높다. 하지만 그걸 먹이려면 요리를 해서 입에 넣고 삼키게 만들어야 한다.

334 식당업에는 오래된 격언이 하나 있다. "다진 고기나 야채는 만드는 게 아니라 쌓이는 거다." 오늘날 수많은 광고 카피를 떠올리게 한다!

335 카피는 마음에 와 닿든지(click) 혀를 차든지(cluck) 둘 중 하나다.

336 광고 작가가 말도 안 되는 것을 옹호하게 되면 새로운 심판이 필요한 게 아니라 새 직업이 필요하다.

337 좋은 카피는 경쟁(race)이 아니라 속도(pace)로 알 수 있다.

338 고상한 카피는 종종 적자로 끝난다.

339 카피에게 최고의 심판관은 박스오피스(매출)다.

340 진실이 응답하지 않으면 끊고 다른 번호로
걸어봐라.

341 훌륭한 광고 작가는 재주만 좋은 게 아니라
단호하다.

342 바다에서 카피 아이디어가 떠오른다면?
압축(telescope)한 다음에 전보(telegraph)를 쳐라!

343 가벼운 문구와 천박한 재간에 설득력을 의존하는
카피는 무릎이 약하다. 그런 카피를 쓴 사람은
머리가 약하다.

344 글쓰기 절차에는 두 과정이 필요하다. 상상으로
쌓아올린(build up) 다음, 분석으로 해체해야(tear
down) 한다.

345 영국의 문학평론가이자 작가인 아서
퀼러쿠치(Arthur Quiller-Couch) 경은 "글쓰기
기술은 살아 있는 비즈니스"라고 말했다. 또한
글쓰기 기술은 유동적이고 예민한 비즈니스다.

대상에 대해 더 많이 알면 알수록 써야 할 내용은
줄어들기 때문이다.

346 무언가를 말없이 이야기할 수 있는 사람은 훌륭한
     카피라이터다.

347 일류 레스토랑의 일류 주방장이 옛날식
     프렌치드레싱을 섞는 모습을 한번 지켜보라.
     그는 세상에서 가장 단순한 재료들을 사용한다.
     소금, 신선하게 갈아낸 후추, 올리브 오일, 포도
     식초, 레몬 약간이 전부다. 결과는? 풀떼기를 푸른
     천국으로 바꾸는 드레싱이 탄생한다.
     일류 작가도 마찬가지다. 그는 가까이에 있는
     유용한 단어를 사용한다. 카피에 튀는 양념을
     뿌리지 않아도 간결한 진실이 기분 좋게
     드러난다. 드레싱은 단순할수록 더 좋다!

348 빼어나면서 다작까지 가능하다면 당신은 대단한
     종합 선물 세트다.

349 광고에서 로스트비프를 치우면 광고의 실체 즉
     뼈와 힘줄, 골수를 훔치는 것이다. 광고에 최고급
     옷을 입히고 분칠을 해서 애지중지하는 건 광고의

박력을 강탈하는 것이다.

350 리듬 없는 카피는 소금 없는 음식과 같다. 오늘날 수많은 광고는 저염식 중인 것이 분명하다.

351 "스물은 의지가 지배한다. 서른은 기지가 지배한다. 마흔은 판단력이 지배한다." 누가 한 말일까? 벤저민 프랭클린이다.
질문: 그렇다면 카피라이터에게 최고의 나이는 언제일까? 답: 어떤 나이든 의지와 기지, 판단이 합쳐져 상식이 될 때!

352 현명한 말을 하는 것보다 떠드는 게 더 쉽다. 때로는 분명하게 표현하는 것보다 헷갈리게 만드는 게 더 쉽다.

353 박자 타기의 깔끔한 예: "요리사는 여느 요리사 못지않게 요리를 잘했다. 그리고 요리사들처럼 그녀도 가버렸다(The cook was a good cook, as cooks go; and as cooks go, she went)." 누가 한 말일까? 사키(Saki)라는 필명으로 글을 썼던 H. H. 먼로다.

354 좋은 카피는 자유의 여신상과 같다. 혼자 서 있어도 뭔가를 의미할 수 있다.

355 냉정한 논리라는 메스를 쓸 줄 안다면, 카피를 따뜻하고 살아 있게 만들 수 있다.

356 조심조심해서는 카피에서 절대 '노다지'는 못 캔다.

357 나무 부스러기를 보면 목수의 솜씨를 알 수 있다. 종잇조각을 보면 카피라이터를 알 수 있다.

358 카피의 최고 권위자: 강철 같은 의지를 가진 부드러운 영혼.

359 똑똑한 카피라이터의 혼수함은 소박한 리넨으로 채워져 있다.

360 훌륭한 카피라이터라면 누구나 육감이 아닌 칠감(七感)이 있다. 딱 맞는 조합을 찾아내면 머리에서 '딸깍' 하고 알려준다.

361 "끔찍하게 흥미롭군(Terribly interesting)!"

사람들은 대화나 글에서 이런 말을 얼마나 자주
쓰는가? 이게 만약 범죄 집단의 특이한 사례에
관한 얘기라면 말이 되는 표현일 수도 있다.
하지만 뭔가 유쾌하고 정말로 흥미로운 것을
이렇게 표현한다면 그건 그냥 끔찍한 일이다!

362   내가 자라던 시절에 '치즈케이크'는 '가짜'라는
뜻이 아니라 빵의 종류였다.

363   젊은 작가는 홍역과 볼거리를 겪어내야 한다.
'비판'이라는 열병과 피로를 이겨낼 수 있는
항체를 형성해야 한다.

364   존 L. 루이스(John L. Lewis, 40년간 미국 광산노동조합의
조합장을 지낸 노동운동 지도자-옮긴이)라면 부당한 노동
조직화라고 생각할지도 모르는 생각 하나:
카피라이터라면 누구나 글을 쓰려고 자리에
앉았을 때 뒤통수에 곡괭이와 삽 한 자루가
있어야 한다.

365   더듬고 웅얼거리고 중얼거리고 있다면, 하고 싶은
말이 무엇인지 스스로 확신하지 못하는 것이다.
하고 싶은 말이 무엇인지 알고 나면 어떻게

말해야 할지도 안다.

366 반짝여라. 번득여라. 하지만 그 무엇보다,
착실하고 진실해라.

367 무언가를 이야기하는 작가는 훌륭하다. 무언가를
'암시'하는 작가는 더 훌륭하다.

368 우리는 '말'을 '아이디어'와 헷갈리면 안 된다.
작고한 홈즈(Holmes) 판사는 이 점을 염두에
두었던 듯하다. 그는 사람들에게 "말이 아니라
사물을 생각하라"고 조언했다.

369 글쓰기에서는 빼는 것이 더하는 길이다.

370 '둔감함'도 잘 활용할 수 있다.

371 그리스인들은 '중략(syncope)'이라는 딱 맞는
단어를 갖고 있었다. '짧게 잘라낸다'는 뜻이다.
그러니 늘이지 말고 잘라내라.

372 다음 카피를 쓸 준비가 되면 웨스턴유니언(Western
Union)의 사례를 한번 참조해보라. "쓰지 마세요.

좋은 카페는 자유의 여신상과
같다. 혼자 서 있어도 뭔가를
의미할 수 있다.

전보를 치세요." (미국에서 전보 통신 회사로 시작해 글로벌

송금 회사로 성장했다-옮긴이)

373   훌륭한 작가가 되려면 지성이나 머릿속
지혜만으로는 부족하다. 마음의 지혜가 있어야
한다.

374   똑똑한 카피라이터는 마음에서부터 시작한다.

375   하려는 말에 유머를 가미하는 것은 범죄가
아니다. 다만 그 유머는 꼭 인간적인 유머가 되게
하라.

376   주사를 놓는 것과 쿡쿡 찌르는 것은 완전히
별개다. 글을 쓸 때는 이 점을 기억하라.

377   욕망과 갈망이라는 공통의 유대감이 인류를
하나로 만든다. 이 유대감에 가까이 가서 계속 그
자리에 머물도록 하라.

378   어느 극작가는 주인공들에게 넝마를 입혀서
연민을 유발하고, 다른 극작가는 주인공들에게
가슴을 갈가리 찢어놓을 대사를 준다. 누가 더

훌륭한 카피라이터인가?

379 당신이 방금 근사한 카피 하나를 끝냈다고 치자.
팔려고 하는 그 제품이나 서비스를 당신이라면
사겠는가? 기억하라. 남들은 당신의 글과 사랑에
빠져 있지 않다.

380 많은 광고들이 머릿속에서 너무 많이 성공하는
바람에 정작 텍스트에서는 닭 우는 소리를 낸다.
결과는? 완전한 실패다.

381 요즘은 좋은 카피만으로 충분하지 않다. 같은
소비자의 눈과 귀를 사로잡으려는 광고가 너무
많기 때문이다. 좋은 카피가 되려면 좋은 것
이상이어야 한다.

382 곤충의 세계에 대해 많이 읽을수록 스스로가
곤충처럼 느껴진다. 딱정벌레 하나만 해도 30만
개가 넘는 종이 있다. 그런데도 카피라이터에게
"이 헤드라인을 30가지로 써봐"라고 말한다면
그는 분개해서 이렇게 말할 것이다. "제가 뭘로
보이세요? 말(馬)이요?"

383 좋은 카피는 좋은 널빤지와 같다. 비바람을 쐴수록 더 좋아진다.

384 "그녀의 가슴은 가득 차 있었지만 두 팔은 텅 비어 있었다(Her heart was full but her arms were empty)." 말을 할 때는 10개 단어 이내로 끝내도록 노력해보라.

385 고농축 글쓰기: "일몰을 컵 하나에 담아주세요(Bring me the sunset in a cup)." (에밀리 디킨슨의 시에 나오는 구절-옮긴이)

386 프랑스의 자연주의 소설가 플로베르는 테라스에서 자신이 쓴 문장을 큰 소리로 외치고 제대로 들리는지 확인했다고 한다. 현대의 카피라이터들은 내면의 귀에 의존해야 한다. 내면에서 옳게 들린다면 그 문장을 사용하라. 문법에 맞든, 안 맞든.

387 미국 언어학자 루돌프 플레쉬의 예리한 질문. "옳은 문법이 무엇인가? 그것은 언어가 가고 싶은 대로 흘러가지 못하게 막으려고 학교 선생님들이 정해놓은 규칙에 불과하다."

388 〈이상한 나라의 앨리스〉를 쓴 영국 동화 작가 루이스 캐럴은 공작 부인이 앨리스에게 하는 말에서 카피라이터에게 탁월한 조언을 남겼다. "의미에 신경 써라. 그러면 저절로 좋게 들릴 것이다."

389 세계 최대의 광고 회사를 다년간 이끌었던 스탠리 리조(Stanley Resor)는 이렇게 말했다. "광고에서 생명의 물줄기는 카피다. 다른 것은 모두 물을 흐르게 하는 배수관일 뿐이다!"

390 열심히 생각하고, 압축적으로 쓰고, 그만 말해라(Think hard, write tight, shut up).

copy
capsules

전략적으로
카피를
쓰는 법

391 내가 제품에 대해 다 안다고 해서 대중도 그럴 거라고 생각하지 마라.

392 잘라내야 한다고 울지 마라. 카피는 내 손으로 수술하는 게 최선이다.

393 스페인 속담: "짧은 것이 내용도 좋다면 두 배로 좋다."

394 음식을 팔지 말고 만찬을 팔아라! 이 말은 소비자 광고에서만 아니라 사업체와의 대화에서도 좋은 전략이다. 거래처에 관련 판매로 만들어낼 수 있는 이익이 얼마나 될지 보여줘라.

395 이 원칙은 카피의 테마뿐만 아니라 클라이언트와 광고 회사 사이의 상호작용에도 적용된다. 광고와 판매는 세트 메뉴지, 선택 메뉴가 아니다. 광고인이 마케팅 활동에서 광고가 차지하는

역할을 스스로 조금만 낮추어 평가한다면
비즈니스맨과의 관계를 좀 더 증진시킬 수
있을 것이다. 마찬가지로 비즈니스맨은 광고를
정당하게 대우하는 데 덜 인색하게 군다면
광고인과의 관계를 더 증진시킬 수 있을 것이다.
모든 성공적인 결혼의 열쇠는 기브 앤 테이크(give
and take)다.

396 마음이 불타고 있다면 타자기에서도 연기가 날
것이다. 내가 뜨겁지 않다면 카피는 차갑게 나올
것이다.

397 좋은 아이디어가 있으면 치장하고 쓰다듬지 말고
그냥 내뱉어라!

398 딱 맞는다면 그대로 둬라. 굳이 힘들게 닦고
윤내지 마라. 그래야 스토리가 살아남는다. 쌀에
너무 윤을 내면 무슨 일이 생기는지 기억하라.
각기병(脚氣病)이 생기지 않던가(현미를 도정해서 백미를
만들면 티아민이 많이 상실되어 각기병의 원인이 된다-옮긴이).

399 '결혼한 커플 네 쌍 중 한 쌍이 실패한다'고
말하면 슬프다. 하지만 '결혼한 커플 네 쌍 중 세

쌍은 성공한다'고 말하면 그렇게 나쁘게 들리지 않는다. 말과 여성에 대해서라면 모르는 게 없는 내 친구이자 유명한 칼럼니스트 E. V. 덜링의 말이다.

400 마찬가지로 "사모님, 왼쪽 발이 오른쪽보다 더 크시네요"라고 말하는 신발 세일즈맨은 바보다. "사모님, 오른쪽 발이 왼쪽보다 더 작으시네요"라고 말하는 신발 세일즈맨은 수완가다.

401 거만한 카피는 전염병 보듯이 피하라. 귀한 공간을 왜 김빠지게 만드는가? 말해보라!

402 '단순하게, 진실하게, 자연스럽게.' 기억하라. 카피는 기교를 부리지 않은 것처럼 들릴수록 더 기교를 부린 것이다.

403 "짧게 써!" 말은 쉽다. 하지만 한입거리인 단어 속에 산더미 같은 내용을 넣고, 핵심을 알려주고, 몇 안 되는 문단으로 감명을 주고, 소비자의 인간적 측면을 움직이고, 호감을 일으켜 물건을 사게 하려면 이만저만한 재능으로 되는 일이

아니다.

404   목표 달성을 위해 작은 공간이 '경제적'일 뿐만
아니라 가장 '전략적'일 때도 있다. 하지만 작은
공간을 차지하는 것이 큰 공간을 차지하는 것들의
틈바구니에 가려 보이지 않을 때도 있다. 한때
대단한 편집자였던 미국의 저널리스트 아서
브리즈번이 해준 말을 나는 잊은 적이 없다. 내가
전국 프룬 주간과 관련해 허스트 출판사의 편집
일을 좀 도와달라고 했을 때였다. 캘리포니아의
프룬 및 살구 경작자들을 위한 시리즈물을
브리즈번에게 보여주며 나는 폭발력 있는 큰
광고들과 윤활제 역할을 할 작은 광고들을
설명했다. 그는 한 번 쓱 보고는 전체 행사를
한눈에 알아보았다. 그리고는 작은 광고들을
가리키며 말했다. "핼, 이건 별로인걸." "왜
그러세요?" "카피에는 아무 문제가 없어." 그가
답했다. "광고가 너무 작아. 마치 어둠 속에서
윙크하는 것 같아. 나는 내가 윙크하고 있는 걸
알지만, 상대는 모르지."

405   글쓰기는 생각이 90퍼센트고 잉크가 10퍼센트다.
생각을 잘 갖춰놓으면 잉크가 뭉개질 일이 없다.

406   3주간 생각해서 30분 안에 써라.

407   신성한 카피는 없다. 내 자식을 살해하거나
          잘라내는 것을 주저하지 마라.

408   카피를 쓰면서 '사전'이라는 이름의 책이 아니라
          '전략'이라는 이름의 책을 참조한다면 더 좋은
          광고가 나올 것이다. 단어만 가지고 놀지 말고,
          사람을 갖고 놀아라.

409   본론에 들어가기 전에 귀중한 시간과 공간을
          낭비하는 광고가 너무 많다. 글로 쓰는
          섀도복싱은 그만둬라. 음식을 판다면 앉아서
          먹어라. 침대를 판다면 누워서 자라.

410   생각이 끝나면 글쓰기를 시작해라. 생각을 끝냈기
          때문에 금방 쓸 수 있을 것이다.

411   말과 말을 연결하면 말 고리(word-lock)가
          생길 뿐이지만, 말과 아이디어를 연결하면
          천생연분(wed-lock)이 생긴다. 매출이라는 축복을
          받는 행복한 결합이 된다.

412 계속해봐라. 실컷 떠들어대라. 한 페이지를 써라. 그리고 이제 그걸 한 문단으로 줄여라. 요약하면 이 말이다. "내 보물 같은 사람을 죽여라(Murder your darlings)!" 세 단어로 된 이 설교는 작가들을 위해서 어떤 글을 써야 하는지 잘 알았던 영국의 문예평론가 아서 퀼러쿠치 경의 말이다.

413 글쓰기 기술은 자제(自制)의 기술이다.

414 영국의 정치가 겸 소설가 디즈레일리는 단어 11개로 인생의 시나리오를 쓴 적이 있다. "젊음은 큰 실수요, 중년은 투쟁이며, 노년은 후회다(Youth is a blunder; manhood a struggle ; old age a regret)." 프랭크 어빙 플레처는 이 구절을 압축의 걸작이라고 말했다. 맞는 말이다. 최대한 적은 말에 많은 이야기를 담으려고 노력하라.

415 식자층이냐 무식쟁이냐가 중요한 게 아니다. 중요한 것은 '인간적'인 것이다.

416 '간결함(혹은 무엇이든)'을 '신'으로 만드는 순간 잘못된 카피 교회에 들어선 셈이다. 간결함이라는

용건을 지나치게 중시할 수 있기 때문이다. 최근 한 전화 회사가 받았던 암호 같은 통신문이 바로 그런 예다. 이 전화 회사가 만든 새 규정집은 마치 약어를 생산하려고 전력을 다한 것처럼 보였다. 그래서 어떻게 됐을까? 아이오와주 커머스라는 작은 마을에 사는 댄 매슈스라는 사람이 이렇게 간결한 탄식문을 전화 회사에 보냈다. "여러분께: 당신네 새 규정집에서 우리 마을 커머스(Commerce)를 콤(Comrc)이라는 약어로 만든 것은 부당하고 불분명하며 불쾌하고 불필요합니다(Gntlmn: Yr abbr of our town of Commerce as Comrc in yr br new tel drctry is unfr, unclr, unplsnt, unecary)."

417 카피에서 재치와 팩트 중에 하나만 골라야 한다면 팩트를 골라라.

418 대화 못지않게 카피에도 적용되는 말: 흥미로운 사람이 되고 싶으면, 흥미를 가져라.

419 말없이 이야기하는 법을 배워라. 작가 엘버트 허버드는 이렇게 말했다. "쉼표마다 감정을 실어라."

420 산통을 겪지 않고는 불멸의 문장을 탄생시킬 수 없다.

421 프랑스 속담: "지루해지는 확실한 방법은 전부 다 말해버리는 것이다."

422 카피에서 가장 어려운 부분이 말로는 쉬운 '간결성'이다.

423 미국의 극작가 클레이턴 해밀턴은 이렇게 말했다. "팩트와 진실은 동의어가 아니다... 소설가는 '진실'을 더 잘 이야기하기 위해 '팩트'의 영역을 포기한다. 리얼리티를 부여하기 위해 독자를 현실로부터 먼 곳으로 꾀어낸다." 카피라이터들을 위한 얘기도 될 수 있지 않을까?

424 카피를 쓰는 것은 알을 낳는 것과 같다. 좋든 나쁘든 둘 중 하나다.
교훈: 내가 뭘 낳았는지 알기 전에 너무 우쭐해하지 마라. 결과를 알고 나면 힘이 쭉 빠질지도 모른다.

425 작가에게 거리감이란 좋은 것이다. 카피를 보고

내가 쓴 것인 줄 몰랐다면 최고의 하루다.

426 당돌한 것(pert)과 적절한 것(pertinent)은 별개다.
그리고 후자가 더 좋다.

427 좋은 옥수수(corn)가 잘못된 것은 없다. 문제는 그
옥수수를 진부하지(corny) 않게 만드는 것이다.

428 어느 문구를 낡게 만드는 것은 시간이 아니라
잘못된 사용이다.

429 자신이 어마어마한 작품을 만들어냈다고
생각하는 사람은 으레 자신이 어마어마한
바보였음을 알게 된다.

430 풋내기일수록 카피의 경계가 더 거칠고 괴상하다.

431 훌륭한 감독은 자신의 영화를 입구와 출구로
채우지 않는다. 그는 촬영과 동시에 편집을
진행한다. 훌륭한 카피라이터도 마찬가지다.

432 '아이디어' 하나를 가지고 간결한 말로 옷을
입히면 모두가 이해한다. 수많은 말을 가지고

화려하게 치장하면 아무도 이해하지 못한다.

433 내 역사학 교수님이 이런 말을 하셨다. "언제나
자신의 주제에 대해 잘 모르는 사람이 제일 길게
쓴다."

434 카피 절단 수술을 끝내고 나면 이 점을 알게 될
것이다. "결국 남은 이것이 처음부터 정말로
중요했던 거구나."

435 '소(cow)'는 신성할지 몰라도 헛소리(bull. '황소'라는
뜻도 있음)는 절대 신성하지 않다!

436 발길을 멈춰 세우는 글은 양날의 검이 될 수 있다.
속아 넘어가는 것을 좋아하는 사람은 없다. 내가
속았다는 사실조차 인정하지 않을 것이다.

437 카피라이터는 보는 것의 자유를 즐겨야 한다.
카피라이터는 보고, 듣고, 만지고, 맛보아야 한다.
알아야 얘기를 하지!

438 최고의 카피는 타자기에서 나오는 게 아니다.
마음에서 나온다.

439   좋은 카피는 분칠을 잔뜩 하거나 칭찬에
허우적대지 않는다. 좋은 카피는 제품을 온전히
이해시키고 목표를 달성한다!

440   광고인들 중에는 거슬리게 "지금 하세요!"라고
소리를 질러야 한다고 느끼는 사람들이 있다.
반면 어떤 이들은 보다 품위 있게 마지막 포옹
속에 '부드러운 주장'을 끼워 넣어 똑같은 목적을
달성한다.

441   광고계에 필요한 것: '과도한 고함 지르기 예방
협회'의 부활.

442   훌륭한 세일즈맨은 훌륭한 외과의사를 모방한다.
들어가면 나온다.

443   똑똑한 광고 작가는 '행동'을 향해 최단 코스로
날아간다.

444   물건을 직접 파는 사람은 인쇄물로 파는 사람보다
훨씬 유리하다. 들어오는 손님의 생각과 분위기에
따라 다르게 대처할 수 있기 때문이다. 하지만
'우리'는 그렇게 못한다. 그러니 훌륭한 변호사의

방법론을 따라라. "나에게 불리할 수 있는 주장을
모두 다 생각해본다. 그런 다음 예상을 가지고
대답하라."

445 솜씨(craftsmanship)와 교묘함(craftiness)은 서로
다른 것이다. 나는 전자는 존중하지만 후자는
경멸한다.

446 성공한 극작가는 인간 감정의 건반을 잘 안다.
그래서 성공한 광고 작가는 성공한 극작가에게서
많은 것을 배울 수 있다. 그중 하나: '현실성'을
확보하려면 종종 '인위적인 것'의 도움이
필요하다

447 뉴턴의 중력 법칙을 학문적으로 요약하려면
6페이지가 필요할 수도 있다. 하지만 우리는
6개의 단어로 말할 수 있다. "올라간 것은 반드시
내려온다(What goes up must come down)."

448 누군가 재치 있게 이런 말을 했다. 인간에게 가장
시급한 것은 "두뇌를 위한 크림 분리기"라고
말이다. 농축산 저널에 카피를 쓰는 사람들만을
위해 한 얘기는 아니었다. 히트작(haymaker.

건초기라는 뜻도 있음-옮긴이)이 꼭 농축산 전문지의
광고여야 하는 것은 아니다.

449 광고쟁이의 생각은 라이노타이프(자동 식자기)
기계의 뒷면과 같아야 한다. 자동적으로 딱 맞는
단어를 고를 수 있어야 한다.

450 세상에 나가는 모든 카피는 '신뢰성'이 있어야
한다.

451 창의적인 사람은 타고난 게으름뱅이인 경우가
많다. 그 점을 인정하려는 사람은 별로 없다.
우리는 '생각'이라는 노동을 피하려고 수많은
생각을 한다.

452 날카롭고 반짝이는 문구를 벼리려면 엄청나게
뜨거운 열이 필요하다.

453 카피는 분쇄기에 들어가는 고깃덩어리처럼
기계적인 속도로 만들어서는 안 된다. 카피는
개별 문제에 구체적인 치료법으로 대응해야 하고,
인간적 관심이라는 훌륭한 양념을 더해 부드럽게
만들어야 한다.

(Murder your darlings)

454　모든 광고가 하나의 공식으로 압축된다면
카피라이터는 쫓겨나고 그 자리에 슬롯머신이
들어올 것이다.

455　카피가 논리적이면서 건조하지 않을 수 있다.

456　은밀하지 않게 암시할 수 있다면 이미
카피라이터다!

457　이길 수 없는 두 가지: 생생한 사진. 간결한
텍스트.

458　'진짜' 이야기를 가진 사람은 그냥 들려주기만
하면 된다. 온 세상이 귀를 기울일 것이다. 어휘
선택이 잘못되고 운율이 맞지 않고 교육을 받지
못했어도, 소재가 진짜면 이야기는 틀림없이
사람들에게 전해질 것이다. 사람들을 행동하게
만드는 광고는 심각한 표정을 짓고 웹스터
대사전을 끼고 있다고 해서 나오지 않는다.
광고가 어느 법률이나 명령을 따라야 한다고
말할 사람이 누가 있을까? 광고를 작성하는
데는 분명한 이유가 있다. 인간의 고동치는
욕구를 충족시켜주는 제품이나 서비스에 관해

알려주어야 할 것 아닌가?

459 완두콩을 팔든, 그랜드피아노를 팔든 최후의
심판관은 인간 본성이다. 아기 양말과 알람시계는
전혀 관련 없다고 생각할지 몰라도, 기본적으로
인간의 관심사를 갖고 논다는 점에서는 같다.

460 쓰고, 다시 쓰고, 또 다시 쓴 카피는 죽도록
지루하고 부자연스럽다. 그래서 종종 도중에
탈락된다. 거기에는 신선하고 통통 튀는 맥동이
없고 정신적 메트로놈에서 나오는 정확한 똑딱
소리가 들린다. 그런 조합은 사람에게 감동을
주지는 못한다.

461 정신이 늘 열심히 발효 중이라면, 시큼하지 않고
달콤한 카피가 나올 것이다.

462 광고는 종종 가장 센세이셔널하지 않은 이유로
세상을 놀라게 할 때가 있다. 이례적일 만큼
상식적인 광고가 바로 그런 경우다.

463 논쟁에서 쉽게 이기는 두 가지 방법:
반박(refute)하라. 조롱(ridicule)하라.

464 거대한 신문 제국을 만든 언론계의 거장 윌리엄 랜돌프 허스트는 왜 저널리스트 아서 브리즈번에게 1년에 25만 달러씩 지불했을까? 그는 플라톤의 철학을 전기 기술자의 언어로 표현할 수 있었기 때문이다.

465 마크 트웨인은 이렇게 말했다. "모든 글은 (머릿속에서) 만족스러울 만큼 완성했을 때 집필을 시작해야 한다."

466 일류 카피라이터들은 종종 이런 질문을 받는다. "어떻게 하는 거예요?" 타격왕을 차지한 적 있는 야구선수 휴 더피도 한때 비슷한 질문을 받았다. 그는 이렇게 답했다. "걸어 나가서 치는 거죠." 작고한 러시아 발레리노 바슬라프 니진스키도 비슷한 말을 했다. 어떻게 그렇게 믿기지 않는 도약을 할 수 있냐고 묻자 그는 겸손하게 답했다. "그냥 올라가서 거기 잠깐 멈춰 있으면 돼요."

467 어느 시인이 울부짖었다. "대체 제 시가 어때서요? 너무 길어요?" 편집자는 콧방귀를 뀌었다. "네. 너무 길고, 너무 넓고, 너무 두꺼워요." 산문도 마찬가지다.

468 인간의 가장 큰 두 가지 갈증은 음식과 섹스다. 인정한다. 그렇다고 표면상 케이크 레시피를 파는 광고가 포옹에 그렇게 많은 장면을 할애할 필요가 있을까? 심지어 할리우드 감독조차 "컷!"이라고 외칠 만큼? 게다가 결혼한 사람들이 (특히나 배가 고플 때도) 식사 전에 그렇게까지 쪽쪽거리지 않는다는 것은 생물학적으로 확인된 사실이다.

469 핵심적으로 말해서 광고란 그냥 '내가 가진 것을 이야기해서 내가 가진 것을 파는 것'이다.

470 최고의 잔소리는 미소 띤 잔소리다. 그게 바로 설교(preaching)와 교육(teaching)의 차이다. 영양학 제1법칙은 '입에 맞을 것'이다.

471 훌륭한 카피라이터는 강력한 카피를 쓰려면 '직감'만으로는 부족하다는 것을 알고 있다.

copy
capsules

글을
움직이게
하라

472 무언가에 관해 마지막에 할 말이 있다면, 그 말을 제일 먼저 해라!

473 의심이 들 때는 길 가는 사람을 붙잡고 물어봐라. 중요한 것은 '나에게'가 아니라 '그 사람에게' 그 글이 무슨 의미인가 하는 점이다.

474 여성의 가슴을 보고 '권위적'이라고 말했다면, 할 말은 다한 것이다.

475 철도를 보고 '사람(men)과 공장(mills)과 광산(mines)의 교향곡'이라고 말했다면 충분히 리드미컬하게 표현한 것이다.

476 '아기 용품점'을 '아기 잡화점'이라고 부르는 게 바로 '유치한' 짓이다.

477 '미끼새(stool pigeon, '끄나풀'이라는 뜻도 됨)는 죽은

새(dead pigeon, '가망 없다'는 뜻도 됨)'라고 말했다면
묘비명을 제대로 쓴 것이다.

478 '흙투성이 발, 돌 같은 심장(feet of clay, heart of
stone)'이라고 말했다면 단어 6개로 초상화를
그려낸 것이다.

479 '고통으로 심장이 쿵쿵거렸다'라고 했다면,
움직이는 그림을 만들어낸 것이다.

480 '꽃미남은 아냐'라고 했다면, 좋은 얘기는
아니어도 좋게 표현한 것이다.

481 사람을 보고 '성숙기에 들어섰다'고 말했다면 좋게
표현한 것은 아니지만 꽤 정확히 말한 것이다.

482 '궁둥이, 올챙이배, 늘어진 턱살'이라고 말했다면,
한 남자의 모습을 그려낸 것이다.

483 '각자'라고 했으면 '모두'를 말한 것이다. 그런데
왜 '각자 모두'라고 말하는가? '더블 스카치'는
술을 뜻할지 몰라도, '각자 모두'는 말이 안 된다.
말이 나왔으니 말인데, '온갖 모양과 형태'라고

말하는 게으른 사람들에게도 동어반복을 피했다고 칭찬해줘야 하는 걸까? 이런 사람들은 언어적 '순회 목사'다. 그들은 한참을 돌아서 간다. 〈포브스〉를 창간한 B. C. 포브스의 충고를 잊은 게 틀림없다. "우리가 뱉는 말이야말로 날마다 매시간 내보내는 광고다."

484   어떤 '죄'를 '장엄하다'고 말했다면 죄인에게 할 만큼 해준 것이다.

485   프랑스의 시인이자 비평가 폴 클로델은 예술과 음악에 관해 쓴 책에 〈눈은 듣는다(The Eye Listens)〉라는 제목을 붙였다. 효과적이면서 적절한 교차법이다.

486   헥터 체비니(Hector Chevigny)가 자신의 무모함을 증명하려고 붙인 책 제목도 마찬가지다. 〈내 눈에는 차가운 코가 있다(My Eyes Have a Cold Nose)〉.

487   '뜨거운 새와 차가운 병(hot bird and cold bottle)'이라고 했으면 할 말은 다 한 것이다('hot bird'는 '뜨거운 요리'와 '헤픈 여자'를 모두 가리키고, 'cold bottle'은 술을 뜻한다. '늦은 밤 함께 있으면 좋은 두 가지'를 뜻하던 말이다-

옮긴이).

488 양파를 '부엌의 제왕'이라고 불렀다면
함성(cheers)과 야유(jeers)와 눈물(tears)을 모두
불러낸 것이다.

489 영국의 작가 체스터튼은 바다를 처음 본 시골
소녀가 그것을 묘사하는 방법을 들려준다.
소녀는 '거대한 콜리플라워'가 생각난다고 했다.
콜리플라워를 좋아하든 아니든, 적절한 비유라는
점은 부정할 수 없다. 소녀는 자신에게 익숙한
언어로 표현한 것뿐이다.

490 메신저보다 중요한 것이 메시지다.

491 말에 힘을 실어서, 머리와 가슴을 겨냥하라.

492 프랑스의 학자 라 로슈푸코는 말했다. "진정한
웅변이란 할 수 있는 말을 다하는 것이 아니라
해야 할 말을 다하는 것이다."

493 다음에 카피를 하나 쓰면 단백질이 있는지
확인해보라. 얼마만큼이 고기(meat, '알맹이'라는 뜻도

있음)이고, 얼마만큼 깔끔한지 (neat. '소의 종류'이기도 함)
살펴보라.

494 상점 간판에 그냥 '산타페 시가'라고 쓰는
것보다는 '산타페 시가를 피우세요'라고 쓰는
편이 낫다. 글을 쓸 때도 매장에서처럼 제품을
시연하라. 제품을 살아 움직이게 하라!

495 리듬보다 중요한 것이 논리다.

496 그 카피를 인쇄소로 넘기기 전에 이 점을
기억하라. '명료함은 집에서부터 시작된다.'

497 정말 흔치 않은 것: 카피에 보통 사람의 느낌을
넣는 것.

498 캐치프레이즈는 누구의 관심도 캐치 (잡지) 못한다.

499 머릿속에서 대기 중인 단어를 불러내 사람의
감정을 갖고 놀게 하려면 그야말로 머리를
쥐어짜야 한다. 대형 해머처럼 머리를 강타하는
단어가 있고, 콩콩콩 겨우 때리는 시늉만 해서
잠들게 하거나 공상의 세계로 보내버리는 단어도

있다.

500 영원한 삼각관계: 잘 말해라. 짧게 말해라. 자주 말해라.

501 인간의 생각이 원시적일수록 그림처럼 생각한다. 그러니 그림을 그려주는 단어를 골라 써라.

502 몇 년 전 상연된 어느 연극에서 천진한 주인공 소녀는 애인 셋 중에 한 명을 골라야 했다. 그녀가 한 명을 고르자, 어떻게 그 남자가 그녀가 진짜 찾는 사람인지 아느냐고 물었다. 그녀가 답했다. "그이가 키스를 했을 때 종소리를 들었거든요." 교훈: 키스하고 쓰다듬는 단어를 사용해라. 그래야 종소리가 울리고 기억에 남는다.

503 긴 문장을 짧은 여러 개로 자르는 것은 사태고기로 햄버거를 만드는 것과 같다. 누구라도 할 수 있다. 문제는 큰 아이디어를 적은 단어에 집어넣는 것이다. 그렇게만 하면 문장은 알아서 완성된다.

504 소리에 관한 CBS의 조언: "소리는 우리가

어디를 가든 졸졸졸 따라다닌다. 위에서, 아래서, 주위에서 우리는 소리를 듣는다. 소리의 영향은 언어 깊숙이 묻혀 있다. 예컨대 무언가를 언뜻 보면(overlook, 간과하다) 놓쳤다는 뜻이지만, 언뜻 들으면(overhear, 엿듣다) 놓치지 않았다는 뜻이다."

505 그렇다. 영어에는 온갖 명암과 등급의 섬세한 구분이 가득하다. 한번 예를 들어보자. '낭비는 잠 안 자는(unsleeping) 적이다'와 '낭비는 잠 못 드는(sleepless) 적이다'가 같은 뜻은 아니다.

506 우리는 연설 내용은 좋은데 언제 끝내는지 모르는 사람을 좋아하지 않는다. 그럼에도 자리에 앉아서 카피를 쓸 때는 똑같은 짓을 저지른다. 재미있는가? 아니다. 그냥 인간적인 모습이다.

507 건강한 이중주: 딱딱하지 않으면서(informal) 정보도 주는(informative) 카피.

508 카피는 태어날 때부터 좋아야 한다. 다시 만들어 달라고 아기를 되돌려 보내는 엄마는 없다.

509 비행기는 시속 300마일의 속도로 공기를 가른다.

그런데도 우리는 비행기 모터가 '윙윙거린다(drone. '꿀벌, 게으름뱅이'라는 뜻도 있음-옮긴이)'라고 말한다.

510   글을 쓰면서 재미나게 꼬여버린 사례를 또
하나 살펴보자. 샌프란시스코에 있는 드영
기념박물관(De Young Memorial Museum)에는 정말
보기 드문 설명이 달린 희귀한 인쇄물이 있다.
"대소동, 1851년... 당국으로부터 '구조된' 새뮤얼
휘태커와 로버트 맥킨지는 자경단에 의해 8월
24일 일요일 오후 3시 1만 5,000명이 지켜보는
앞에서 처형되었다."

511   시적인 골목길이나 산문의 대로(大路)로 빠지는
유혹을 물리쳐라. 큰 줄기를 유지하고, 물건을
팔아라!

512   훌륭한 카피라이터는 그냥 훌륭한 작가가 아니다.
그는 따뜻한 마음으로 인간 행동을 연구하고,
냉철한 머리로 매출 전략을 고민하는 학생이다.

513   언어 숭배(worship)와 언어 솜씨(workmanship)는
완전 별개다.

514 형용사는 그냥 채워 넣는 게 아니라 '감정'을 전해야 한다. 형용사는 절제해서 사용하고, 제값을 하게 하라. 소비자도 그 형용사를 내가 느끼는 것처럼 느낄 수 있게 하라. 그녀의 '쉰' 목소리와 '눈물 고인' 두 눈, '쓰러질 듯한' 자태를 이야기하라.

515 '경이로운(wonderful)'은 멀리 해야 할 '경이로운' 단어다.

516 영어에는 약 50만 개의 단어가 있다. 그러나 실제로 사용되는 영어의 3분의 2는 겨우 몇백 개의 단어로 이루어진다고 한다.
17세기 프랑스 극작가 몰리에르의 말도 바로 그 점을 지적한 것이다.
"상대가 내 말을 알아들었다면 말을 아주 잘 한 것이다. 그럴 때는 단어를 고르고 골라서 선택할 필요도 없다."

517 변화하는 세상에서 그대로인 것은 아무것도 없다. 스펠링도 마찬가지다. 한 예로 흔하지만 이제는 값이 비싼 양고기(mutton)를 한번 살펴보자. 이 스펠링은 제임스 1세 초기에 정립된 것으로

보인다. 그전까지는 'moltoun, motoun, montone, motene, motonne, motton, mouton, muton, muttoun, mutown, mutten' 등으로 표기했다. 그러니 다음번에 점심으로 양고기를 먹게 되면 그 변천 과정을 한번 생각해보라.

518 스펠링을 모르더라도 일단 쏟아내라! (지금은 '아이디어'에 관해 얘기 중이다.)

519 말도 도구다. 평소에 잘 갈아놓아라!

520 단어의 기능은 이미지를 만들어내는 것이다. 의도는 좋았으나 나쁜 이미지가 만들어질 때도 있다. 알게 모르게, 어떤 단어는 특정 사람들에게 특정한 뜻을 내포한다.
사례: 일부 자동차 딜러는 요즘 신형차가 나오면 '때려 부수고 있다(Smash Hit)'고 극찬한다. 비꼬는 뜻은 없을지라도 별로 좋은 문구는 아니다. 특히나 온갖 '붕괴'에 관한 기사들이 1면을 차지하는 때에는 말이다. 몇 년 전에 비슷한 사례가 떠오른다. 당시 유명한 담배 회사가 광고 전체를 이런 테마로 만들었다.

시적인 골목길이나
산문의 대로(大路)로
빠지는 유혹을 물리쳐라.
큰 줄기를 유지하고,
물건을 팔아라!

135

"담배의 마음(heart)으로부터." 수많은 흡연가들이 의식적으로 혹은 무의식적으로 이 문구를 보고 '담배로 인한 심장병'을 연상했다. 어떻게 됐을까? 이 테마는 폐기됐다.

521   새뮤얼 존슨은 단어가 '아이디어의 표시'라고 말한다. 광고에 더없이 들어맞는 말이다. 단순한 기호나 상징으로서 단어를 사용하는 것으로는 충분치 않다. 단어는 '아이디어'의 기호나 상징이 되어야 한다. 더 나아가 작가와 예술가 사이의 '마찰(friction)'이 없어야 하며, '융합(fusion)'만이 있어야 한다. 두 사람의 목표는 같다. 이미지나 아이디어, 스토리를 최대한 빠르게 전달하는 것이다. 그리고 그 여정은 짧을수록 좋다.

522   나에게는 카피와 예술이 광고의 '샴쌍둥이'다. 둘을 잘라 나눌 수는 없다. 고립시키거나 헤어지게 만들 수도 없다. 어디까지가 카피이고 어디부터가 예술인지 말할 수 없다. 왜냐하면 둘은 하나이고 같은 것이기 때문이다.

523   "그림 한 장은 천 마디 말의 가치가 있다!"고 흥분해서 말하는 것이 나는 이제 질리려고 한다.

여기서 핵심은, 그러면 대체 '아이디어 하나의 가치는 얼마인가?' 하는 점이다.

524   확고한 생각을 적절한 방식으로 말한다면 '똑똑한 것'이다. 확고하지 않은 생각을 적절히 말한다면 '똑똑한 체하는 것'이다.

525   '진실됨'은 여전히 가장 중요한 단어다.

526   나는 스타치 박사와 닐슨 씨를 믿는다. 하지만 나는 '쉬운 말의 힘'도 믿는다. 시청률이 높든, 낮든. (스타치와 닐슨은 둘 다 소비자 조사 분야를 개척한 인물이다-옮긴이)

527   "광고라는 사업은 이제 거의 완벽에 가까운 것 같다. 더 이상 개선하기가 쉽지 않아 보인다. 하지만 모든 예술이 공공의 이익에 종속되어 발휘되어야 하듯이, 나는 대중의 귀를 사로잡는 이 대단한 광고 장인들에게 다음과 같은 도덕적 질문을 던지지 않을 수 없다. '혹시 우리의 열정을 너무 방종하게 갖고 노는 것은 아닌가?'" 누가 한 말일까? 18세기에 새뮤얼 존슨이 한 말이다.

528 "'딱 맞는 표현'과 '거의 맞는 표현' 사이의 차이는 번개(lightning)와 반딧불이(lightning bug) 사이의 차이와 같다." 누가 한 말일까? 마크 트웨인이다.

529 우리는 신사의 품격을 유지하면서도 사람을 쓰러뜨릴 수 있다.

530 "돈처럼 확실하고 채찍처럼 똑똑하다(Sound as a dollar; smart as a whip)"고 말했다면 인간에 관해 많은 이야기를 한 것이다. 살아서 이보다 더 훌륭한 묘비명을 기대할 비즈니스맨은 아무도 없을 것이다.

531 말 자체로 주의를 끄는 글은 그것을 작성한 사람을 기쁘게 만들지는 몰라도, 그 글에 돈을 낸 사람을 속이는 것이다.

532 의사들은 말이 운동 활동이라고 말한다. 우리의 사지를 관장하는 두뇌가 우리의 말도 관장한다는 뜻이다. 따라서 언어는 일종의 행동이다. 그러니 경찰이 카피라이터에게 이렇게 말하는 것이다. "계속 가세요(움직이세요)!"

533 라틴어를 쓰는 사람들은 사랑에는 서툴지 몰라도 카피에 대해서는 탁월한 정의를 가지고 있다. "Multum in parvo(작은 것에 많은 것이 들었음)."

534 내가 가장 좋아하는 네 문장: 퉁명하지 않으면서 짧게 말해라. 기발하되 교활하지 마라. 할 말을 해라. 언제 멈출지 알아라(Be brief without being curt. Be bright without being smart. Say your say. Know when to stop).

535 카피를 혹평하기는 너무 쉽다. 특히나 할 말이 없다면 말이다.

536 신용 대출을 판다면? 잠재적 고객을 추켜세우면서 영업적으로도 도움이 되는 소리: "고객님이 지금 가지신 건 중요하지 않아요. 어떤 분인지가 중요하죠!"

537 누군가를 '영리한 사기꾼'이라고 부르면 칭찬이다. '바보 같고 멍청하다'고 말하면 상대는 불같이 화를 낸다. 우리가 정직하지 못한 광고에 '바보 같은 광고'라는 꼬리표를 자주 붙여주면 바보 같은 광고가 줄어들 것이다.

538   수프도 진한 것(thick soup)을 좋아하는 사람들이
빈약한 말(thin words)에 넘어가지는 않는다.

539   동의어가 실질적으로 같은 의미를 전달할 수도
있지만 그 단어들 사이에는 어마어마한 차이가
있을 수도 있다.

540   나는 리서치 팀과 카피 담당자에게 제품 스토리의
핵심 내용을 50개 이하의 단어로 요약해달라고
부탁하는 습관을 오랫동안 갖고 있다. 말하자면
야간 전보 같은 것이다. 이렇게 해두면 두고두고
쓸 수 있는 카피의 기초가 마련된다. 가끔
그게 불가능하다고 말하는 사람들도 있다.
할 말이 너무 많고, 다루어야 할 부분도 너무
많다고 말이다. 그러면 나는 킹 제임스 버전
성경의 창세기 1절에서 3절까지의 창조설을
연구해보라고 말한다. 간결하고, 감동적이면서도,
믿을 수 없을 만치 아름다운 스토리를 겨우
46단어로 들려주고 있다.
"태초에 하나님이 천지를 창조하시니라. 땅이
혼돈하고 공허하며 흑암이 깊음 위에 있고
하나님의 신은 수면에 운행하시니라. 하나님이
가라사대 빛이 있으라 하시매(In the beginning

God created the heaven and the earth. And the earth was without form, and void; and darkness was upon the face of the deep. And the Spirit of God moved upon the face of the waters. And God said, let there be Light)."

541 미국의 저널리스트 겸 소설가 앰브로즈 비어스는 재치 넘치는 책 〈똑바로 써라(Write It Right)〉에서 좋은 글은 "분명한 사고를 눈에 보이게 만든 것"이라고 정의하고 있다. 광고를 만들 때 견주어볼 만한 훌륭한 척도다!

542 자유를 향한 미국의 끝없는 투쟁을 한마디로 요약해본다면: "무릎을 꿇고 사느니 똑바로 서서 죽겠다."

543 200년 가까운 미국의 역사도 한 문장으로 나타낼 수 있다. "서로 싸우던 13개 식민지가 미국의 48개 주가 되었다."

544 '죽은 언어' 같은 것은 없다. 오직 '죽은 생각'이 있을 뿐이다. 언어만큼 살아 있고, 거침없고, 유동적인 것은 없다.

545 쌍방향 영향의 사례: 언어가 생각을 통제한다. 생각이 언어를 통제한다.

546 중요한 것은 말 자체가 아니라, '그 말이 무엇을 해낼 것인가'다.

547 나는 윈스턴 처칠이 사용한 "피, 땀, 눈물"이라는 불멸의 구절이 광고주 협의회에 제출되었다면 무슨 일이 일어났을까 궁금하다. '피'는 "너무 잔혹하다"며 삭제되었을 것이다. '땀'은 "너무 조야하고 무례하다"고 했을 것이고 '눈물'은 "안 그래도 사람들은 충분히 힘들다, 굳이 사람들을 울리지 마라, 웃음을 줘라"라는 말과 함께 거절당했을 것이다.
그럼에도 처칠의 뛰어난 사고와 매서운 단어 선택에 필적할 사람은 이 세상에 거의 없다. 그는 색깔과 운율과 조합의 대가였다. 그가 "피, 땀, 눈물"을 함께 놓았을 때는 다 그럴 만한 이유가 있었다. 당시 충격에 빠져 있던 세상도 그가 왜 그런 표현을 썼는지 충분히 이해했다.

548 단어는 아이스박스가 아니라 오븐에서 나와야 한다. 차가운 말로 사람의 마음을 움직일 수 없다.

549 팩트는 맛깔날 때에만 강력하다.

550 미사여구만으로는 정타를 날릴 수 없다.
'신뢰성'이 필요하다.

551 수많은 비즈니스맨들이 자신이 쓴 엉성한 글을
보고 웃는다. 엉성한 글이란 엉성한 생각을
반영하는 것인데 뭐가 그리 웃긴가?

552 말로는 큰 회사를 세울 수 없다고? 우편 주문으로
시작해 시어스 제국을 세운 리처드 워런 시어스는
단 세 단어로 그 일을 해냈다. "돈은 보내지
마세요(Send no money)!"

553 '설득'이 가득한 광고는 많다. 하지만 '전염성'이
풍부한 광고는 얼마나 될까?

554 훌륭한 사람들은 종종 오해를 받지만, 훌륭한
카피라이터는 그럴 일이 없다.

555 영국 소설가 서머싯 몸은 한때 이렇게 말했다.
"내가 들었던 가장 멋진 칭찬은 전쟁 중
태평양에서 어느 병사가 보내온 편지였다. 그는

내 이야기를 모두 읽는 동안 단 한 단어도 사전을 찾을 필요가 없었다고 했다." 카피라이터가 긴 단어를 놓고 고민하기 시작했을 때 기억해야 할 똑똑한 행동이다.

556 오래전에 나는 '뷰틸리티(beautility)'라는 단어를 제목에 사용한 적이 있다. 해당 제품의 아름다움(beauty)과 실용성(utility)을 모두 포함하기 위해서였다. 나는 거기에 '문학적 연결'이라는 이름을 붙였다. 이 아이디어가 새로운 건 아니다. 내 기억으로 루이스 캐럴이 그가 "여행 가방 단어(portmanteau word)"라고 부르는 것을 만들자고 제안했다. 하나의 여행 가방 속에 두 개의 의미를 싣고 다니는 단어들을 뜻하는 말이었다. 아주 기발한 예시가 두 개 있었던 걸로 기억한다. '밈지(mimsey)'라는 단어는 끔찍하고(miserable) 빈약하다(flimsy)는 뜻이었고, '슬라이디(slithy)'라는 단어는 끈적끈적하고(slimy) 나긋나긋하다(lithe)는 뜻이었다. 〈이상한 나라의 앨리스〉를 쓴 작가가 이런 신기한 단어들이 그리 진지하게 받아들여질 거라고 생각했을 것 같지는 않다. 그럼에도 지금 우리는 아침(breakfast)과 점심(lunch)을 합친 '브런치(brunch)' 같은 단어나

자동차(motor)와 호텔(hotel)을 합친 '모텔(motel)', 연기(smoke)와 안개(fog)를 합친 '스모그(smog)' 같은 단어를 받아들인다. 컬럼비아 학자 마리오 박사는 이런 과정이 새로운 것도 갑작스러운 것도 아니라고 지적한다. 실제로는 수백 년이나 된 관행이라는 것이다. 오랜 옛날 쿵(clap)과 쨍그랑(crash)이 합쳐져 '충돌(clash)'이 생겼고, 불꽃(flame)과 번득이다(glare)가 합쳐져 '넘실대는 불길(flare)'이 생겼다. 또 어렴풋한 빛(gleam)과 가물거리다(shimmer)가 합쳐져 '희미하게 빛나다(glimmer)'가 되었고, 강타하다(smack)와 짓이기다(mash)가 결국 '박살내다(smash)'를 낳았다.

558 누가 빅토르 위고에게 그의 마지막 책에 있는 어느 단어가 "프랑스어였는지" 물었다. 그는 단호한 목소리로 "이제는 그렇다"고 답했다(원래는 프랑스어가 아니었지만 빅토르 위고 자신이 사용했으니 이제는 프랑스어가 됐다는 뜻-옮긴이). 지금 당신이 생각하는 단어가 '굿 센스(good sense)'라면 당신은 영어를 잘하는 사람이다.

559 언어의 대가에 관한 얘기가 나왔으니 말인데, 프랭크 어빙 플레처가 언어의 폭정에 관해 했던

'죽은 언어' 같은 것은 없다.
오직 '죽은 생각'이 있을 뿐이다.
언어만큼 살아 있고, 거침없고,
유동적인 것은 없다.

말이 생각난다. "아이디어가 없는 단어는 인류의 공유 재산이다. 유아들은 사고를 할 줄 알기 전에 말을 먼저 하며, 사고가 말을 따라잡는 경우는 드물다. 처음에 '구구'였던 것은 나중에도 '가가' 이상이 되기 힘들다."

560 압축의 대가이기도 했던 프랭크 어빙 플레처가 간결함에 관해 이야기한 세 마디 말이 있다. "간결함은 쓰지 않고도 수많은 말을 하는 기술이다." "진정한 간결함이란 단순히 삭제의 과정이 아니다. 간결함은 무엇을 삭제하느냐가 아니라 어떤 정수만을 뽑아내느냐에 따라 정해진다. 그것은 수사법을 벗어나 절제에서 탄생한다." "삭제를 통해 광채를 더하는 것이 압축이 할 일이다."

561 오래전 플레처가 잘나가던 시절에는 양식 진주가 중요한 산업이었고, 그 산업에서 '테클라'는 중요한 단어였다. 플레처가 만든 전형적인 테클라 진주(Tecla Pearls) 광고는 다음과 같았다. 겨우 네 문장이지만, 각 문장 하나가 한 단락을 이룬다.
진주에 관해:
오리엔탈로 하세요.

아니면 테클라로 하세요.

아니면 그냥 두세요.

이 카피를 이 이상으로 잘라낼 방법은 없다.

그랬다가는 피가 철철 날 것이다.

562 또 하나 떠오르는 전형적인 카피는 어니스트
샤클턴 경이 남극 탐험 대원 모집을 위해 런던의
한 신문에 냈던 광고다. 그가 26개 단어에 압축한
도전과 모험을 한번 보라.

"'위험한 여행'에 사람을 모집합니다. 적은
임금, 지독한 추위, 긴 여정과 완전한 어둠,
끊임없는 위험이 예상되고 무사 귀환을 확신할
수 없습니다. 성공할 경우 명예와 인정이 따를
뿐입니다."

563 압축에 관한 얘기가 나왔으니 말인데, 여기 몇
가지 예를 골라봤다.

제너럴 타이어(General Tires): "멈추세요. 아이들은
멈추지 않습니다."

록히드 항공기(인력 모집 광고): "록히드에 엄청난
미래가 있습니다. 여러분의 미래로 만드세요."

LA 아트센터스쿨(LA Art Center School):
"캘리포니아에서 전문가들과 함께 공부하세요."

564   표현의 자유에 관한 판결로 유명한 홈즈 판사는
구체적인 것을 크게 강조했다. "모든 일반화는
진실이 아니다. 이 문장도 마찬가지다."

565   로이 더스틴(Roy Durstine)과 나는 구체적 예를
들어가며 설득의 힘에 관해 이야기를 나눈 적이
있다. 로이는 자신의 주장을 뒷받침하기 위해
이런 얘기를 들려주었다. 1468년 포르투갈의
탐험가 디아즈(Dias)가 아프리카 남단을 돌고
귀환했다. 그는 왕에게 가서 그곳을 '폭풍과
급류의 곳'이라 이름 붙였다고 보고했다. 그러나
늙은 왕은 현명한 사람이었다. 왕은 이렇게
말했다. "자네가 그곳을 그렇게 부른다면 다시는
아무도 그곳에 가려 하지 않을걸세. 내가 이름을
정해주겠네. 그곳을 '희망봉'이라 부르게."
로이는 이렇게 덧붙였다. "그래서 이름은 그렇게
정해졌지. 이후로 사람들은 줄곧 그곳에 가고
있고."

566   말에 관해 정통했던 클래런스 버딩턴
켈랜드(Clarence Budington Kelland)는 '무기력의
쇄도를 휘저어놓는 것'에 관해 말하곤 했다.
그는 말의 순서를 뒤집어서 여러 차례 큰 성공을

거뒀다.

567 "침묵의 천둥소리"는 조롱하기 기법의 또 다른
예다.

568 격한 반전은 간결하다. 중요한 것은 그 뒤에 숨은
단어의 힘과 정확한 통렬함이다.

569 체스터필드 경은 이렇게 말했다. "말은 생각의
옷이다. 다 찢어진 누더기를 입혀 내놓아서는 안
된다."

570 평론가 멩켄은 '쓸데없는 일'이 무엇인지
설명하면서 몇 마디 말로 멋진 그림을 그려냈다.
"허리케인이 부는데 낙엽을 긁어모으는 것 같은
효과를 가진 일."

571 극지를 탐험했던 버드(Byrd) 제독 역시 저서 〈나
홀로(Alone)〉에서 갈증에 대해 언어로 멋진 그림을
그려냈다. "나의 갈증은 고통의 숲에서도 가장 키
큰 나무였다."

572 로마시대 정치가 카토의 표현을 조금만 바꿔보자.

"성난 광고는 입을 열고 두 눈은 감는다."

573 UN에서 러시아가 하는 말을 듣고 있으면 이런
러시아 속담이 틀리지 않았음을 알게 된다.
"러시아인은 세 가지 기초를 잘 놓는다. '어쩌면,
신경 쓰지 마세요, 어떻게든.'"

574 비평가 존 메이슨 브라운은 정의내릴 수 없는
배우 에델 머먼을 이렇게 정의했다. "그녀의
혈관에는 혈장과 함께 빛이 흐른다."

575 예전에 유명한 농축산 저널 〈더 파머 스톡먼(The
Farmer-Stockman)〉에 특집 기사로 그림 두 장을
실었다. 하나는 황폐하고 버려진 집이었고, 다른
하나는 휩쓸려 나간 들판을 보여주었다. 저널은
이 그림에 가장 잘 어울리는 에세이를 모집하면서
상금을 내걸었다. 누가 1등을 차지했을까? 어느
인디언이었다. 그는 다음과 같이 통렬한 카피를
내놓았다.
"두 그림 모두 백인의 비정상적인 모습을
보여준다. 큰 천막을 짓고, 언덕을 일군다. 물에
휩쓸리고, 바람에 흙이 날려간다. 풀이 사라지고,
땅이 사라지고, 문이 사라지고, 창문이 사라지고,

그곳 전체가 지옥에 떨어진다. 사슴이 사라지고, 여자도 사라지고, 젖먹이도 사라진다. 돼지도 없고, 옥수수도 없고, 소도 없고, 건초도 없고, 말도 없다.

인디언은 땅을 갈지 않는다. 풀을 지킨다. 버펄로가 먹는다. 인디언은 버펄로를 먹는다. 가죽으로 천막을 짓고, 신발을 만든다. 인디언은 테라스를 만들지 않는다. 댐을 짓지 않는다. 걱정하지 않는다. 언제나 먹는다. 일자리를 찾지 않는다. 편승하지 않는다. 구원을 바라지 않는다. 돼지를 쏘지 않는다. 위대한 영혼이 풀을 키운다. 인디언은 아무것도 낭비하지 않는다. 인디언은 일하지 않는다. 백인은 미치광이가 수두룩하다."

576 시인 월트 휘트먼은 고전 〈미국의 속어(Slang in America)〉에서 말에 관한 이런 지혜를 전해준다. "언어는 학자나 사전 편집자가 추상적으로 만들어낸 것이 아니다. 여러 세대에 걸친 인류의 노력과 필요, 연결, 기쁨, 애정, 취향에서 자연스럽게 생겨나는 것이다. 땅에 가까운, 넓고 낮은 토대를 가진 것이다."

577 그렇다. 다음과 같은 야구 선수 디지 딘의 다음과

같은 말은 미친 소리가 아니라 생각해볼 거리가 있다. "에인트(ain't)라고 말하지 않는 사람들은 먹지도 않는다(ain't eatin, 'ain't'는 'am not, is not, are not' 등의 줄임말 속어-옮긴이)."

578 옥스퍼드대학교 학부생들은 러디어드 키플링이 어느 작품을 쓸 때 단어당 10실링을 받는다는 얘기를 들었다. 학생들은 필요한 10실링을 모아서 이 유명 작가에게 순진한 요청을 담은 전보를 쳤다. "당신이 가진 최고의 단어를 하나 보내주세요." 그 소중한 단어가 도착했다. "고마워요!"

579 사람들을 흔들어놓으려면 스윙으로는 부족하다. 성실함이 필요하다.

580 작은 단어 하나도 경종을 울리면 빅 벤(Big Ben)이 될 수 있다.

581 카피에 대해 쓰는 것보다 카피를 쓰는 게 더 빠르다.

copy
capsules

헤드라인을
쓰는
기술

582 훌륭한 제목은 한입에 한 끼가 들어 있다. 그리고 소화도 잘된다.

583 훌륭한 제목은 독단이 아닌 진정성에 뿌리를 둔다.

584 좋은 제목은 군대가 정확한 소총을 들고 전진할 수 있게 감정으로 엄호사격을 해준다.

585 훌륭한 제목은 소비자를 지금 있는 곳에서 광고주가 원하는 곳으로 보낸다.

586 훌륭한 제목은 유약칠이 아니다. 겉에서 바른다고 광이 나지 않는다. 훌륭한 제목은 안에서부터 나와야 한다. 제품과 잠재적 소비자에 대한 깊은 연구에서 비롯되어야 한다. 훌륭한 제목은 본질을 건드려야 한다.

587   최고의 헤드라인은 생각으로 무르익고, 생각을 하려면 시간이 걸린다. 그러니 시간을 갖고 헤드라인을 써라. 읽는 사람의 시간도 절약될 것이다.

588   딱 맞는 헤드라인은 우연(chance)이 아니라 선택(choice)에 의해 탄생한다.

589   멋진 비틀기: 크리스털 제조업체 발 상 랑베르(Val St. Lambert)는 이렇게 율동적인 제목으로 깊은 울림을 줬다. "당신의 만찬을 위해 노래하는 크리스털(Crystal that sings for your supper)."

590   그리고 드 비어스 연합 광산 회사도 자신들의 주장을 아주 로맨틱하게 표현해냈다. "다이아몬드는 영원하다(A diamond is forever)." 노래를 한 것도, 고상한 체를 한 것도, 운율을 맞춘 것도 아니었다. 그냥 의미를 가진 단순한 단어 4개였다.

591   제목의 길이는 얼마나 되어야 할까? 이미지를 전할 수 있을 정도는 되어야 한다. 그림을 그리는 듯한 단어로 이야기를 풀어낼 수 있어야 한다.

하지만 야간 전보처럼 길게는 안 되고, 급전
정도로 해라.

592 정보가 없는 헤드라인이 너무 많다. 그런 것은
소음에 불과하다. 도무지 말이 안 되는 광고가
너무 많다. 그런 것은 돈 낭비에 불과하다.

593 카피라이터들은 아이들이 쓰는 간단한
명령어에서 많은 것을 배울 수 있다. 아이들은
아는 단어가 몇 없기 때문에 적은 단어로
많은 것을 표현할 줄 안다. 아이가 말하는
"위로(Up)!"는 단순한 전치사가 아니라, 한
단어로 된 훌륭한 헤드라인이다. 상황에 따라 이
한 음절은 "안아주세요"의 뜻일 수도 있고, "이
의자에 앉혀주세요"나 "침대에 올려주세요" 혹은
"목마를 태워주세요"가 될 수도 있다. 한 단어로
된 어른들의 헤드라인을 예로 든다면 '예스'와
'노'가 있겠다.

594 진지한 신참들은 종종 내게 물어본다. "딱 맞는
헤드라인을 찾았다는 걸 어떻게 아나요?" 질문에
대한 나의 답변. "딱 맞는 배우자를 찾았는지
어떻게 아나?"

595 장면: 제2차 세계대전. 항복하라는 독일군의 요구를 받은 맥콜리프(McCauliffe) 장군은 이렇게 내뱉었다. "어이없군(Nuts)!" 작고한 내 동료 멩켄이었다면 미국적이라고 말했겠지만 나는 이게 한 단어로 된 훌륭한 헤드라인이라고 본다.

596 이만하면 괜찮은 헤드라인: "당신의 피부에 이렇게 황홀한 꽃향기를 남기는 비누는 하나뿐입니다."

597 헤드라인이 근본적으로 훌륭하다면, 광고는 처음부터 성공한 거나 마찬가지다.

598 길에서 신문을 파는 소년도 머릿속에는 헤드라인이 있다.

599 광고가 사람들을 찾으러 가야 한다. 그 반대 방향이 아니다.

600 중심 제목은 '감정'을 건드려야 한다. 사람들이 사는 곳, 그들의 감정적 중심을 때려야 한다. 부제목은 '지성'에게 재빠른 어퍼컷을 날려야 한다. 내 제품을 소비자의 삶과 연결시키고, 이

제품을 사는 것이 합리적이라고 설득해야 한다.

601 여러분이 농축산 저널의 편집자라고 생각해보자. 이번 달 특집 기사는 인공수정 기술에 관한 것이다. 세 단어로 헤드라인을 쓴다면 다음 중 어느 것이 더 많은 독자의 이목을 끌 수 있을까? '최신 가축 인공수정법'일까, '시험관에 들어간 황소'일까?

602 최근 〈코스모폴리탄〉에 실린 어느 기사에서 흔한 단어를 흔치 않은 맥락으로 사용한 멋진 사례가 있었다. 모피 원료가 되는 친칠라 사육에 관한 기사였다. "지하실에서 기를 수 있는 코트." 좀 다른 얘기로 넘어가면 국가안보위원회는 짧은 단어만 사용해 많은 것을 들려주는 제목을 만들었다. "여러분이 구하는 생명은 여러분 자신의 것일 수도 있습니다."

603 내가 매일 보는 것들: 부제목이 주요 제목이어야 할 광고들. 그 반대도 마찬가지다. 처음부터 준비돼 있어야 할 카피라이터가 한창 작업을 하던 도중에 워밍업이 되었기 때문일까? 아니면 군악대장이 눈앞에 있어도 못 알아보기 때문일까?

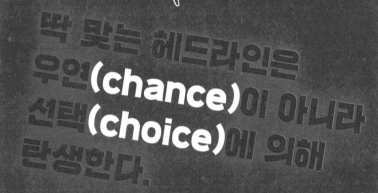

딱 맞는 헤드라인은
우연(chance)이 아니라
선택(choice)에 의해
탄생한다.

604 헤드라인(headline)과 죽은 라인(dead line)의 차이는
생명력(life)이다!

605 다음에 헤드라인을 써야 할 때는 스스로
자문해보라. '이 사과에서 씨를 어떻게 발라낼까?'

606 병 걸린 제목이 너무 많다. 움직이는 게 아니라
휘청거린다.

607 많은 얘기를 하려는 것 같은데 아무 말도 하지
못하는 제목도 있다.
예시(최근 어느 주문 제작 가구 광고에서) : "기품 있게 사는
즐거움을 위해 제작된 기백 있는 우아함."

608 "모양을 잡아줍니다... 올려줍니다...
아름다움을 올려줍니다." 브라(bra) 광고인가,
헛소리(blah)인가?

609 의사들이 보는 잡지 광고에 "환자가 위에서
모닥불이 이는 것 같다고 할 때"라는 헤드라인이
달려 있었다. 그 정도면 의사들이 다 소방관
모자를 써야 하지 않을까!

610 제품: 순종 병아리. 테마: "혈통이 말해줍니다."
예상 독자: 전문 양계 농장. 텍스트는 나쁘지
않지만 헤드라인이 관절염에 걸려 있었다. "잘
팔리는 병아리와 골골거리는 병아리, 무엇을
원하십니까?" 카피 팀장이 잠시 이 헤드라인을
보더니 훨씬 경쾌하고 잘 들리는 제목을
생각해냈다. "판매 병아리, 약골 병아리 - 어느
것(Sale chicks or frail chicks - which)?"

611 어느 신진 작가가 〈피터 팬〉을 쓴 J. M. 배리에게
조언을 구했다. 자신의 첫 소설에 확실한 제목을
붙이고 싶다고. 배리는 1,500페이지짜리 원고는
전혀 열어볼 생각도 하지 않고 느릿느릿 이렇게
말했다. "젊은이, 말해보게나. 자네 소설에 북
치고 나팔을 불 만한 부분이 있는가?" "배리
선생님!" 젊은이는 항의하듯이 말했다. "이 책은
그런 소설이 아닙니다!" 배리는 활짝 웃으며
말했다. "완벽하군. '북도 없고, 나팔도 없다(No
Drums, No Trumpets)'로 하면 되겠어."

612 대형 주택 건설업체의 광고를 수주하려고
한다고 치자. '주택을 빠르게 파는 방법'이라고
말하면 거만하게 들린다. '주택을 더 빨리 파는

방법'이라고 말하면 여지가 있어 보인다.

613 신랄한 연극 〈대낮의 암흑(Darkness at Noon)〉에서 시드니 킹즐리는 '신종 공산주의자'에 관해 이야기한다. "... 과거와 연결된 탯줄이 없는 남자. 그는 배꼽이 없이 태어났다." 마지막 문장 하나만 해도 근사한 헤드라인이다.

614 '바다의 추수'는 즉시 흥미를 자아낸다. 여기에는 간단한 장치가 들어 있다. '평소 쓰는 말을 평소 보지 못한 관계 속에 넣는 것'이다.

615 전화 회사 벨 시스템(Bell System)은 이런 반전 있는 문장으로 히트를 쳤다. "장거리 전화는 비용이 아니라 이익입니다!"

616 아메리칸 항공은 한 문장으로 대조적인 그림 한 편을 완성했다. "짐(Jim)은 아직도 도착하려면 몇 마일이 남았나 세고 있습니다. 팀(Tim)은 지금 물고기를 세는 중입니다. 비행기로 갔으니까요."

617 "그는 6센트를 돌려주려고 6마일을 걸어갔다." 누구 얘기일까? 에이브러햄 링컨이다. 위대한

인물에 걸맞은 훌륭한 헌사다. 그리고 내 눈에는
훌륭한 헤드라인이다.

copy
capsules

슬로건을
만드는
기술

618   지금부터 마주치는 여성 10명에게 이렇게
말해보라. "피부가 여학생 같으시네요!" 비누를
이야기하리라는 것을 눈치챌 수도 있을 것이다.
하지만 파몰리브(Palmolive) 비누 광고라는 걸 아는
사람은 얼마나 될까?

619   이번에는 "만지고 싶은 피부예요"라고 한번
말해보라. 우드버리(Woodbury) 비누 광고라는
걸 많은 사람이 즉시 알 테고, 몇몇 헷갈려 하는
사람이 있을 것이다.

620   "프루덴셜(Prudential)은 견고한 요새입니다"라는
광고를 모르는 사람은 없다. 하지만 "미래는
준비하는 사람의 것이다"도 프루덴셜의 광고라는
걸 아는 사람이 몇이나 될까?

621   "한 대 가진 사람에게 물어보세요"라고 하면
패커드(Packard) 자동차를 가리키고 있음을 아는

사람들이 꽤 있을 것이다. 하지만 "패커드를
가진 사람에게 물어보세요"라고 직접적으로
이야기한다면 '모두가' 정확히 알 것이다.

622 요약: 최고의 광고는 하나로 통합되어 있듯이,
최고의 슬로건은 '제품 이름을 자신의 일부'로
만든다. 라임이나 리듬에서 좀 손해를 보더라도
말이다.

623 오랫동안 서양의 유명한 커피 브랜드는 짧은
티저에 의존했다. "MJB - 왜일까요?" 그러다가
정말로 뭔가를 말하기 시작했다. "MJB는 모든
커피 취향을 만족시킵니다." 최근 들어 이 회사는
의도적으로 부정문을 사용했다. "MJB라면
커피가 맛없을 순 없습니다." 지금은 다시
이런 문장으로 바뀌었다. "MJB라면 맛없을
순 없습니다." 핵심은 매번 'MJB'가 빠지지
않는다는 점이다.

624 마찬가지로, 초콜릿 음료를 끈질기게 광고하고
있다고 생각해보자. "건강을 위해 건배하세요"도
괜찮다. "기라델리(Ghirardelli)로 건강을 위해
건배하세요"가 더 낫다.

625 이번에는 가구 마감제를 판매한다고 생각해보자. "광택면을 없애세요. 낡은 바닥을 새것처럼"도 괜찮다. 하지만 "더블엑스(Double X)는 광택면을 없앱니다. 낡은 바닥을 새것처럼"이 더 낫다. 이렇게 되면 슬로건을 넘어서 '온전한 세일즈 메시지'가 된다.

626 고전적인 비누 광고들은 좀 더 짧다. "더즈(Duz)가 다 해줍니다." "타이드(Tide)로 찌든 때 아웃."

627 담배 광고 슬로건도 좋다. "럭키 스트라이크(Lucky Strike)가 좋은 담배입니다." "캐멀(Camel)이라면 1마일도 걸어갑니다." "언제나 체스터필즈(Chesterfields)를 삽니다." "제대로 즐기고 싶다면 올드골즈(Old Golds)를 피우세요."

628 주류 회사들도 크게 뒤처지지 않는다. "고든(Gordon)의 진이라면 싱거울 수가 없습니다." "'길비(Gilbey's) 주세요'는 어딜 가나 통합니다." "열에 아홉은 다시 임페리얼(Imeprial)입니다." "서니브룩(Sunnybrook) 쪽으로 오세요." '스카치(Scotch)의 가장 오랜 이름'이라고 하면 애매모호하다. 하지만 "헷갈리지 마세요. '헤이그

앤 헤이그(Haig & Haig)'라고 하세요"라고 하면 나이 든 사람들도 헷갈릴 일이 없다.

629   워너(Warner)에서 나온 '끈 없는 브라'는 "사회적 안전… 끈이 달리지 않았습니다!"라고 하면서 성공했다. 하지만 "자기야, 사슴이 되려고 고삐를 할 필요는 없어!"라고 하면 무슨 소리인가 싶다.

630   뒤집기: 어느 세탁소가 "정장 세탁 1달러, 방충 처리 무료"라고 광고를 하다가 카피를 바꿨다. "방충 처리 1달러, 세탁 무료" 결과는? 매출이 20퍼센트 올랐다.

631   LA의 불러바드 여행사(Boulevard Travel Service)는 뻔하지만 좋은 문장을 사용했다. "세계 어디를 가고 싶으세요(Where in the world are you going)?" ('where in the world'는 '도대체 어디를'이라는 뜻도 된다-옮긴이)

632   M. D. 화장지는 "초강력, 실크처럼 포근, 새하얀"으로 부족했다. 그래서 새로운 걸 덧붙였다. "질감이 있습니다." 대체 어디가 끝일까?

633 어쿠스티콘(Acousticon) 보청기가 "보석으로 들으세요(Hear with jewelry)"라고 하자 여성 소비자들이 귀를 기울였다.

634 제트 시대에 이렇게 느긋한 가계도를 보는 것은 기분 좋은 일이다. 클라이드 R. 앨링 & 선즈 & 그랜드선즈(Clyde R. Alling & Sons & Grandsons)의 이야기다. 이들은 LA에서 캐릭터 베니션 블라인드를 만든다.

635 미국 광고에서 애칭을 붙여 마음을 따뜻하게 만들려는 트렌드를 혹시 눈치챘는가? 코카콜라는 코크(Coke)로 알려진 지 오래됐고, 버드와이저는 버드(Bud)라는 이름으로 친근함을 추구하고 있다. 체서피크 & 오하이오(Chesapeake & Ohio)는 거창한 이름을 버리고 스스로를 체시(Chessie)라고 칭하고 있고, 록히드 콘스텔레이션(Lockheed Constellation)은 코니(Connie)라는 애칭으로 알려져 있다.

637 광고의 완곡한 표현: 많은 택시가 승객들이 보도록 운전석 뒤에 이런 경고문을 붙이고 다닌다. "뒤로 당겨서 앉으세요. 즐거운 여행 되십시오. 교통체증으로 급정거가 있을 수

있습니다." "덜컹 튀어 오르는 바람에 머리를 부딪히더라도 우리를 탓하지 마세요"라고 말하는 것보다는 훨씬 낫다.

638 현대식 반전: 베벌리힐스에 있는 현대식 인테리어에 충실한 어느 똑똑한 가게는 이름을 제대로 붙였다. "팟츠 앤 플랜즈(Pots and Plans)."

(원래는 주방 냄비들을 흔히 팟츠 앤 팬즈(Pots and Pans)라고 부른다. 이 가게는 화분(pots)도 팔고 인테리어 계획(plans)도 세워준다는 의미-옮긴이)

639 와닿는 말: 구두 브랜드 앨런 맥아피는 이렇게 말한다. "남들이 따라올 발자국을 남깁니다."

640 영화관들만 두 편 연속 상영 일정표를 짤 때 부주의한 것이 아니다. 은행도 마찬가지다! 최근 버지니아 은행가협회가 주최한 어느 세미나에서 연속적으로 열린 두 강연의 제목은 이랬다. "은행업의 기회." "횡령과 배임."

641 주유소의 빠른 서비스: "펑크 신속 해결." 적은 말로 많은 얘기를 하는 또 다른 예가 있다. "1회 완성 배관공." "달걀 13개 (든) 케이크, 89센트."

642 영국 카피라이터들도 흥미롭다. 얼마 전 나는 약국에 들렀다가 영국제 박하 정제 알토이즈(Altoids) 하나를 집어 들었다. 라벨에는 숨 쉴 틈도 없이 이렇게 적혀 있었다. "신기할 정도로 강력한 오리지널 위장 가스 배출 정제(The original celebrated curiously strong carminative lozenges)."

643 LA에는 크리스피 케이크 콘 컴퍼니(Krispy Kake Kone Kompany)가 있다. 내 생각에는 비타민 K를 너무 많이 먹은 게 아닌가 싶다.

644 오늘날 파도타기 때 입는 수영복을 짧게 요약하면: "세상에나!"

645 "당신이 거짓말을 하고 있다는 걸 알지만 그래도 좋아요"라는 가사를 쓴 가수는 분명히 여자를 잘 아는 사람일 것이다.

646 믿기지 않는 것: "나는 돈이 싫다. 차가 좋다." 캘리포니아주 컬버시티의 어느 자동차 딜러가 한 말이다. 그의 이름은 월트 캐시(Walt Cash)였는데 자기 자신이 싫다는 소리일까?

뒤집기:
어느 세탁소가
**"정장 세탁 1달러,
방충 처리 무료"**라고
광고를 하다가
카피를 바꿨다.

**"방충 처리 1달러,
세탁 무료"** 결과는?
매출이 20퍼센트
올랐다.

647 알아듣기 힘든 말: 화장품 회사 해리엇 허버드
에어(Harriet Hubbard Ayer)의 센티멘털(Scent-i-mental,
sentimental(감상적인)에서 sent를 scent(향기)로 바꾼 것-옮긴이).
오박(Ohrbach's) 백화점의 셀에브레이션(Sell-ebration,
celebration(축하)에서 cel을 Sell로 바꾼 것-옮긴이).

648 한 문장으로 완성된 캠페인: "리놀륨
루이(Linoleum Louie), 너로 깔 거야!" 어디서
광고했을까? LA다."

649 광고인 로이 더스틴은 말했다. "슬로건과
성공적인 광고의 관계는 대학별 응원 구호와 대학
교육의 관계와 같다."

650 지역 공동모금회를 위한 슬로건을 쓰고 있다고
치자. 기금이 여러 분야에서 많은 사람들을 위해
많은 일을 하고 있다는 생각을 넣고 싶을 때
"이렇게 많은 사람을 위해 많은 것을 하는 선물은
없습니다"라고 하면 강력하다. "당신은 많은
사람을 위해 많은 일을 하시는 겁니다"는 약하다.
하지만 여기서 가장 중요한 단어는 '당신'이다.
교훈: 똑똑한 카피라이터는 진부한 생각을
던져버려야 할 때를 잘 안다.

651 타이어에 관한 간결한 팁: "실처럼 얇다면? 보상 거래를 하세요(Thread thin? Trade in)!"

652 또 다른 적절한 예: "과일이 싱싱하게 유지됩니다-우드(Wood, 여기서는 브랜드명이지만 '나무'라는 뜻도 통합-옮긴이)로 보내세요."

653 LA의 자동 세탁소 간판: "아주 작은 것도 빱니다(We suds wee duds)."

654 폴라로이드라는 것을 금세 알 수 있는 슬로건: "찰칵하고... 보세요(Snap it... see it)!"

655 모바도(Movado) 시계에 딱 맞는 문구: "시간을 소중히 하는 사람을 위해(For those whose moments are precious)."

656 울프슈미트(Wholfschmidt)의 보드카는 이런 술: "모두의 입술에... 누구의 숨결에도 (남지 않는다)(On everybody's lips... on nobody's breath)."

657 문장을 만드는 사람이 대통령을 만들기도 한다. 대통령을 팔 때도 제품을 팔 때와 다름없이

감정이 언제나 논리를 이긴다.
예시: "그 덕분에 우리는 전쟁을 겪지
않았습니다(He kept us out of war)"라는 문장은
우드로 윌슨이 백악관을 지키는 데 큰 도움을
주었다. 드와이트 아이젠하워도 마찬가지다.

658   느닷없이 좋은 슬로건이 나오는 경우는 드물다.
좋은 슬로건은 보통 (영웅이나 대통령처럼) 연기가
자욱한 전투에서 등장한다.

659   광고에는 더 많은 고민과 더 적은 슬로건이
필요하다.

copy
capsules

옥외광고의
기술

660 '옥외광고의 기술'을 '옥외를 광고하는 기술'과 헷갈리면 안 된다. 옥외 예술을 통해 큰 상을 받는 경우는 자주 있지만, 옥외광고를 통해 매출도 크게 상승할까?

661 옥외광고 기술의 핵심은 '생략'에 있다. 즉 말하지 않음으로써 말하는 것이다. 설명(explanation)이 아니라 감탄(exclamation)을 하게 만들어야 한다. 예의를 갖추면서도 강하게 와닿아야 한다.

662 광고판이 우리를 찾아와야 한다. 우리가 광고판을 찾아야 하면 곤란하다. 우리가 메시지를 전달할 대상은 자동차를 타고 있는 사람들이다. 그러니 빠르게 말하면서 한 번에 모든 걸 전해야 한다.

663 저들이 물건을 사게 하려면 눈길을 사로잡아야 한다. 즉 이동 중인 사람들을 감동시켜야 한다.

664 '이 포스터에 뭘 집어넣을까?'를 고민하지 말고
'뭘 뺄 수 있을까?'를 항상 고민하라.

665 포스터 디자인에서 큰 문제점 하나: 누구나 그
안에 모든 게 다 들어가기를 바란다. 그리고 모든
요소가 다 큼지막하기를 바란다. 포스터에는
언제나 꼭 넣어야 하는 '필수사항'이 있다. 그러나
다 넣으면 자극적인 게 사라진다.
해결책: 꼭 넣어야만 한다면, 넣어라. 하지만 뺄
수 있다면 빼라.

666 카피라이터는 디자이너를 찾아갈 때 포스터
레이아웃에 관해 보여줄 밑그림으로 무장하고
있으면 안 된다. 카피라이터는 '문제'로 무장하고
있어야 한다.

667 포스터를 전적으로 카피라이터에게 맡겨두면
어떻게 될까? 소위 '판매'라는 구호만 가득 남게
될 것이다. 아니면 TV 광고나 라디오 광고를
포스터 크기에 맞게 줄였을 수도 있다. 포스터를
디자이너에게 전적으로 맡겨두면 어떻게 될까?
아름답고 눈길을 사로잡는, 훌륭한 예술 작품을
만들어낼 것이다. 하지만 그게 '훌륭한 광고'일까?

668   나는 옥외광고를 임팩트 있게 만드는 것에는
대찬성이다. 하지만 취향을 희생하는 것은
반대다. 둘 다 충족시키는 것도 가능하다. 나아가
제품 이름을 즉각적으로 전달하지 못하는
포스터는 좋은 포스터가 아니다. 예외는 없을까?
물론 있지만 많지는 않다.

669   좋은 포스터는 생생하면서 간결하다. '생생한'
부분에서는 너무 순수예술처럼 보이지 않도록
하라. 내 생각에 좋은 포스터 아트의 특징은
'부드러운 무자비함'이다. 명암과 패턴이 탁월한
수채화는 십중팔구 옥외 용도로 좋지 않다.
잡지에 있으면 근사하지만 광고판에 있으면
시시하다.

670   놀라운 격리성! 이것은 옥외 매체 특유의
장점이다. 하지만 이 점을 활용할 줄 아는
광고인은 별로 없다. 신문이나 잡지에서는 페이지
전체를 사용하는 사람이 페이지 반쪽을 이용하는
사람보다 물리적으로 이점이 있다. 하지만 종이
24장 크기의 광고판을 사용하는 우리의 무대는
정말 크다. 이 경기장에서는 우리가 유일한
검투사이고, 우리가 쇼의 전부다. 그렇다면 왜 그

무대를 충분히 활용하지 않는가?

671 눈을 돌릴 여유가 없을 정도로 포스터에 온갖
요소를 쑤셔 넣지는 마라. 스토리가 머리에
들어오는 것을 방해하는 자잘한 설명으로
포스터를 복잡하게 만들지 마라. 우리에게
주어진 것은 쏜살같이 지나치는 몇 초가 전부다.
그 시간을 최대한 활용하라. 적은 말로 많은
이야기를 들려줘라. 알맹이와 의미가 있는
헤드라인을 사용하라. 그래야 울림이 있고 물건도
팔린다.

672 **훌륭한 포장재는 미니어처 간판의 역할을 한다.**
미리부터 포장 계획을 세워두면 나중에 레이아웃
때문에 골치 아플 일은 없다.

673 호기심과 흥미를 자아내는 옥외광고는 종종
이야깃거리가 되기도 한다. 하지만 그 '이야기'가
판매로 연결되는 경우는 얼마나 될까?

674 "말은 천천히 하고 눈은 빠르게 봐라"라고
〈돈키호테〉 저자 세르반테스는 주의를 주었다.
맞는 말이다! 하지만 옥외광고에서는 '둘 다'

빨라야 한다.

675 광고계에서는 아이디어를 말이나 그림과
헷갈리는 사람이 너무 많다. 아이디어가 없는데
무슨 수로 아이디어를 소통할까?

676 매일 일어나는 일: 카피라이터가 거품을 물고
분노한 채 디자이너에게 헛소리를 지껄인다. 혹은
내가 '납(lead)이 가득한 단서(lead)'라고 부르는,
지루하고 내용 없는 헤드라인을 주기도 한다. 이
미숙한 헛소리로 리듬과 논리를 만들고 알맹이와
의미를 부여하려면 이만저만한 창조 능력이
필요한 것이 아니다. 실은 '기적'이 필요하다.

677 설득력 있는 포스터를 만들어내려면 추진력 있는
아이디어가 필요하다. 광고판 위에 중심 주제가
통일된 모양으로 나타나야 한다. 그러려면 여러
사람의 의견 통합이 필요하다. 나는 사전 계획의
힘을 굳게 믿는다. 레이아웃보다 먼저 정해야 할
것은 '어떤 아기를 탄생시킬 것인지'다.

678 주위를 한번 둘러보라! 미국 전역의 들판에
색칠된 포스터와 게시판, 벽들이 줄을 잇고

있다. 보기 좋은가? 그럴지도 모르겠다. 하지만
너무 인위적이고 지루하고 진부한 경우도 많다.
그렇게 빈곤한 아이디어에 그렇게 비싼 공간을
낭비하다니 이 얼마나 안타까운 일인가! 이목을
끌 수 있는 확실한 아이디어가 없다면, 아무것도
없는 셈이다.

679 옥외광고를 하는 사람은 '자연'과 경쟁해야 한다.
자연이 가진 다양한 분위기 및 계절과 경쟁해야
한다. 게다가 시야에 들어오는 것이라면 '뭐든지'
다 경쟁 상대다. 빌딩, 쇼윈도, 차량, 교통
표지판은 물론이고, 다른 회사의 옥외광고는
말할 것도 없다. 그러니 카피도, 색깔도 너무
공손하지는 마라. 특히 색깔은 비명을 질러야
하지만, 조화로운 비명을 질러야 한다.

680 기억하라. 옥외 매체는 다른 어떤 매체와도
다르다. 당신의 메시지는 시장을 '돌아다니지'
않는다. 오히려 시장이 내 메시지 주위를
'돌아다닌다'. 83퍼센트의 사람이 매일 일하고,
놀고, 쇼핑하려고 밖에 나간다. 사람들은 본인이
원하든, 그렇지 않든 옥외광고에 노출돼 있다.
'움직이는 시장'에 맞는 메시지를 써라.

681 스토리에 친근함을 담도록 노력하라. 다른 매체에 비해 관객의 규모나 플랫폼의 크기는 아주 크지만 대중은 여전히 '한 사람'이다. 내가 '그에게만' 말하고 있다고 느끼게 하라.

682 무엇보다 '짧게' 말하라. 노련한 옥외광고업자들은 네 단어로 된 포스터를 가장 선호한다. 세 단어나 다섯 단어로 된 광고를 볼 확률은 반반이다. 종종 한 단어, 혹은 아무 말이 없는 카피도 볼 것이다. 그리고 독자들의 눈을 편안하게 만들어주는(안 읽으니까) 여섯 단어 이상의 것도 자주 보게 된다.

683 공식에 대해 너무 알레르기를 일으키지 마라. 규칙을 모조리 알아둬라. 팩트나 수치를 존중하자. 길잡이가 되어주는 것들을 주의 깊게 봐라. 하지만 반짝이는 아이디어가 떠오르거든 주저 없이 규칙을 깨라.

684 포스터에서 냉철해야 할 것은 거기에 들어가는 돈뿐이다. 포스터 자체는 인간적이고 따뜻해야 한다. 감정이 풍부해야 하고 마음을 향해야 한다.

685 광고 회사 N. W. 에어(N. W. Ayer)에서 일하는

스토리에 친근함을 얻도록 노력한다. 다른 매체

에 비해 관객이 궁이나 롱테이크 키기는 아주

크지만 대중은 여전히 '한 사람'이다.

내가 '그에게만' 말하고 있다고 느끼게 한다.

내 친구 찰스 T. 코이너의 탄식을 들어보자.
"옥외광고와 포스터에 수백만 달러의 돈을 쏟아
붓고 있는데도 요즘 광고는 30년 전보다 독창성이
부족하다." 그래픽 디자이너 레스터 벨도 같은
생각이다. "무엇보다 포스터 디자인은 아이디어를
소통하는 또 다른 수단일 뿐이다. 하지만 보는
사람의 마음 깊숙이 투영하고 싶은 그 아이디어는
긍정적이고, 단순하고, 간결해야 한다." 또
다른 유명 예술가는 포스터 광고에 대한 그의
철학을 이렇게 요약했다. "나는 억지로 진부한
것을 놀라워 보이게 하고 말도 안 되는 것을
논리적으로 보이게 만들어야 한다!"

686   현대 포스터 예술은 '재능 없는 화가의 그림
전시회'라고 불러도 될 지경에 이르렀다.

687   훌륭한 포스터는 보는 이에게 무언가를 일깨워줄
뿐만 아니라 그를 편안하고 즐겁게 만들 수도
있다. 제품도 제품이지만, 사람은 사람이라는 걸
잊지 마라.

688   똑똑한 옥외광고업자는 자신이나 가족,
조수들에게 광고를 보여주지 않는다. 그는 자신의

관객 앞에서 연주하는 사람이 아니다. 그는
대중들, 현금을 지불할 고객들 앞에서 연주하는
사람이다.

689 옥외광고에서 움직임은 좋은 것이다. 하지만 너무
많은 움직임은 부산스럽다.

690 좋은 광고판은 마치 런던 경찰국 같다. 우리는
도망칠 수 없으며, 그들은 바로 뒤에서 쫓아와
우리를 붙잡는다.

691 정말로 강력한 포스터는 풍요와 자제를 결합한다.
노련한 연설가와 마찬가지로 할 말을 한 다음에는
말을 멈춘다.

똑똑한
광고
캠페인

692 확고하게 구축된 캠페인과 그냥 만들어진 캠페인 사이에는 커다란 차이가 있다.

693 영국의 시인 겸 화가 윌리엄 블레이크는 "영감을 주는 말(馬)들"에 관해 즐겨 얘기했다. 이 말들을 길들이고 부리는 것이 크리에이티브 종사자의 임무다. 말들이 그냥 날뛰게 하는 것은 누구라도 할 수 있다.

694 아무리 기발하다고 해도 캠페인(campaign, '군사 작전'이라는 뜻도 있음-옮긴이) 하나로 광고의 장군(general)이 될 순 없다.

695 많은 캠페인들이 그 자체가 좋은 게 아니라, 좋게 '보이려고' 만든 돈 때문에 좋아 보인다.

696 광고 회사 BBDO의 벤 더피는 광고쟁이다운 소리를 했다. "내 사전에 광고용 예산 따위는

없다. 그건 세일즈 예산이다. 모든 광고는 물건을 팔기 위해 존재한다."

697 수학(math)이 신화(myth)를 이길 때 확실한 광고 캠페인이 생긴다.

698 제일 큰 자리를 차지한다고 해서 제일 큰 타격을 날리는 것은 아니다.

699 광고는 사람과 같다. 모두가 좋아한다면 뭔가 문제 있는 것이다!

700 훌륭한 광고 테마는 고무줄과 같아서 원하는 만큼 늘일 수 있다. 상황에 따라 늘어났다 줄어들었다 한다.

701 훌륭한 광고 테마는 받침대가 없어도 제 발로 서 있다.

702 습포제를 너무 빨리 떼어내려고 하면 떨어지지 않는다. 새로운 테마에는 충분한 시간을 줘라.

703 수많은 훌륭한 광고가 흐지부지되는 이유는 구매

시점 광고(POP, Point of Purchase)가 없어서다.

704 캠페인 검열관 주의 사항: '내(I)'가 너무 많으면 운영(run)을 망친다(ruin).

705 캠페인이 얼마나 튼튼한가는 하부 구조에 달렸다. 저 아래 흰개미가 있지는 않은지 잘 살펴라.

706 전략이 옳으면 카피가 잘못될 수 없다.

707 점심 식사 후(분위기가 좋을 때) 광고주에게 팔린 캠페인일지라도 (분위기가 안 좋을 때) 소비자에게도 팔려야 한다.

708 캠페인에서 나를 찾는 방법은 모습을 보이지 않는 것이다.

709 아무리 해가 바뀌어도 모든 사람이 잘 속아 넘어가는 바보라고 믿는 광고주들이 있다. 그런 사람들은 테마는 약하고, 논리는 잘못 되었고, 진부한 표현에는 구멍이 숭숭 뚫려 있다.

710 '겉은 최신 유행인데 속은 흐리멍덩한' 사람에게

늘 따라다니는 말은 오늘날 수많은 '예쁜'
광고에도 똑같이 적용된다.

711 살면 살수록 나는 뻔한 것들을 더 존경하게 된다.
최고의 호소력을 가진 것은 뻔한 것일 때가 많다.
"때를 잘 맞추고 과감하게 행동해라."

712 결혼할 상대는 까다롭게 골라라. 캠페인의 척추가
되는 중심 아이디어도 마찬가지다. 일단 결혼하고
나면 매번 사람들 앞에 옷만 바꿔 입었지 같은
상대와 나타나야 한다. 만약 이번 달에는 금발,
다음 달에는 흑발, 그다음 달에는 붉은 머리인
사람과 나타난다면 그건 캠페인이 될 수 없다.

713 보장이 되었다가, 안 되었다가 한다면, 그건
'보장'이 아니라 '사기'다.

714 광고에서 최고의 상은 매출이다.

715 역사가들은 코펜하겐 전투가 영국이 해양 패권을
유지하게 된 중요한 사건이라고 말한다. 하지만
역사가들이 말해주지 않는 것이 있다. 넬슨 경이
보이지 않는 눈에 망원경을 대고 '전투 중지

신호'를 못 봤다고 말한 것도 바로 이 전투였다는 점이다(넬슨 경은 한쪽 눈이 보이지 않았는데, 이를 핑계로 상관의 중지 신호를 무시한 덕분에 코펜하겐 전투에서 승리했다-옮긴이).

교훈: 사소한 디테일이 큰 캠페인을 살릴 수도 있고 망칠 수도 있다.

716   누군가 정상이라고 소리치는 곳이 다른 사람에게는 반밖에 가지 않은 곳일 수도 있다. 광고가 성공하는 데 마감 시한은 없다.

717   당신이 당신 광고에 질려버리는 것만큼 대중도 당신의 제품에 빨리 질린다면, 세상은 유감스러운 곳이 될 것이다.

718   최고의 광고는 공장에서 시작된다. 최고의 광고는 '제품 자체'이기 때문이다. 당신이 할 일은 그 광고를 광고하는 것이다. 사람들이 시험 삼아 한번 사본다면, 당신은 일을 잘한 것이다. 사람들이 다시 사지 않는다면, 제품이 제 할 일을 못한 것이다.

719   사이비 과학에 기초해서 가짜가 되는 캠페인이 너무 많다. 입맛에 맞게 만들려고 진실을

왜곡했다면 처음부터 처방을 잘못한 것이다.

720 판매에 성공하는 비법, 그러니까 광고가 성공하는 비법은 '끊임없이 최면'을 거는 것이다. 계속해서 주문을 외야 한다. 우리는 잊는 것이 얼마나 쉬운 일인지 언제나 기억해야 한다. 사람의 기억력은 놀라울 만큼 짧다. 사람은 평균적으로 자신이 들은 것의 10분의 1, 본 것의 3분의 1밖에 기억하지 못한다고 한다. 저명한 심리학자 톨먼은 간단한 단어 목록이라도 암기하려면 12번에서 13번 정도의 반복이 필요하다고 말한다. "반복이 평판을 만든다(Repetition makes reputation)"는 말은 그 때문이다.

721 처음에는 역작으로 시작했을지 몰라도 끝날 때는 코미디인 경우가 너무 많다.

722 판매가 안 될 때는 항상 두 가지 이유가 있다. 하나는 사람들이 지적하는 이유, 다른 하나는 진짜 이유다.

723 금전 등록기에 종이 울리려면 머리에서 먼저 종이 울려야 한다.

724 경쟁자보다 빠르게 달려 멀찌감치 앞서고 싶은가? 그렇다면 중요한 건 다리 길이가 아니다. 머리 크기다.

725 시장에 기름칠을 하는 게 시장을 폭파시키는 것보다 돈이 적게 든다.

726 뉴스 칼럼에 소개되는 게(돈 한푼 들지 않는다) 많은 돈을 들인 여느 광고보다 훨씬 더 가치 있다고 생각하는 사람들이 있다. 많은 광고 캠페인 운영자들은 돈을 주고 산 지면이 단순히 공짜 지면을 얻기 위한 지렛대가 되어주기를 바란다. "비 온 뒤에 땅이 굳는다", "어떤 식으로든 얘깃거리가 되는 게 전혀 얘기가 안 되는 것보다는 낫다"라는 말은 사실이 아니다. 홍보(publicity)와 악명(notoriety)은 같은 산부인과 병동에서 나왔을지 몰라도 부모가 다르다. 도덕적으로도 훌륭한 작품이 돈이 된다는 사실을 할리우드도 알고 있다. 사람들 앞에 떳떳하면 박스오피스 실적도 좋다. 이것은 사업도 마찬가지다. 유료 광고는 가격 이상의 것을 준다는 사실을 기억하라. 유료 광고는 '나 자신에 관해 뭘 말할지 통제할 수 있는 능력'을 준다.

캠페인 검열관 주의 사항:
'내(工)'가 너무 많으면
운영(run)을
망친다(ruin).

진부하다고 말할 수도 있겠지만, 광고에서는 (인생과 마찬가지로) 뿌린 대로 거둔다!

727 정복자의 권리로만 업계 일류가 되리라
     기대해서는 안 된다. 상상력, 노력한 만큼
     얻는다는 믿음, 감히 도전하는 용기. 광고가
     성공하기 위한 이 세 가지 요소 중에 최고는
     '용기'다. 요약하면 이렇다. "감히 도전하지
     않는다면 성공하지 못할 것이다."

copy
capsules

부정적
접근이
긍정적일
때

728 필요한 처방이 그렇다면 부정적 카피로부터
도망치지 마라. 솜씨 있는 사람이 다룬다면
부정적 카피도 세상에서 가장 긍정적인 카피가 될
수 있다.

729 구경꾼들의 장단에 맞추지 마라. 다른
광고쟁이들이 내 카피를 어떻게 생각하느냐가
매출만큼 중요하지는 않다.

730 좋은 광고는 주저 없이 반복하라. 이 점을 모르는
사람이 얼마나 많은지 알면 깜짝 놀랄 것이다.

731 금언과 속담, 경구를 비웃지 마라. 긴 세월 응축된
지혜다.

732 아끼는 아이디어가 거절당했다고 해서 낙담하지
마라. 옳은 아이디어였다면 되살아날 것이다.

733   타구가 외야에 떨어지기 전까지는 훌륭한 투수를
마운드에 올리지 마라. 광고 캠페인에서 가장
중요한 것은 마무리다.

734   크리스토퍼 콜럼버스가 되기를 두려워하지
마라. 새로운 아이디어를 통해 미국은 여러 번
재발견되었다.

735   뇌 하부를 과소평가하지 마라. 그곳은 감정이
앉는 자리다. 그리고 우연찮지만 돈이 나오는
곳도 그곳이다.

736   캔버스에 너무 가까이 가지 마라. 시야가
좁아지면 색상이 흐려진다.

737   아이디어를 쌓아놓지 마라. 넓게 뿌릴수록 싹도
많이 튼다.

738   짧은 문장과 토막 난 문장을 헷갈리지 마라.
늘어난 인대를 줄이려면 잘라내는 걸로는
부족하다. 진짜 수술이 필요하다.

739   인간의 본성을 지능으로 착각하지 마라. 대중이

바보 같을지는 몰라도 입이 없지는 않다.

740   느낌표에 의존하지 마라. 말 속에 천둥을 넣어라.

741   가장 먼저 떠오르는 생각을 사용하지 마라. 가장 마지막에 떠오르는 생각을 사용해라. (만약 그게 하나로 같다면 내가 옳다는 것을 두 배로 확신할 수 있다.)

742   새로운 길을 내는 것을 두려워하지 마라. 생각했던 것만큼 새롭지는 않다는 것을, 그러니 꽤 안전하다는 것을 곧 알게 될 것이다.

743   지루하고 우중충하고 흐릿한 단어를 쓰지 마라. 감정과 함께 요동치고, 의미를 다시 일깨우고, 화살처럼 곧장 과녁으로 날아갈 단어를 써라.

744   "좀 도와주지 않겠어?"라고 말하지 마라. "네 이름을 어느 칸에 적을까?"라고 물어라.

745   "세상에서 최고로 훌륭한 호텔 중 하나"라고 말하지 마라. "세상의 훌륭한 호텔 중 하나"라고 해라. 최상급에는 사탕발림이 덜 할수록 더 달콤하다.

746 "와플을 이렇게 먹어본 적 있나요?"라고 하지
말고, "와플을 이렇게 먹어보세요"라고 해라.

747 작업복을 부끄럽게 생각하지 마라. 거칠고
조야한 단어라도 내가 하고 싶은 말을 전한다면
사용해라.
예시: "끝내줍니다(It's Got 'Git'!)"- 석유 회사
텍사코(Texaco)의 파이어 치프 가솔린

748 카피가 너무 '고단백'이라고 걱정하지 마라.
베이킹파우더가 없어도 소비자는 소화시킬 수
있다. 티스푼만큼만 담아서 낸다면.

749 그 무엇도 당연시하지 마라. 방금 하지 말라고 한
것들도.

비유적
표현

750 미국 주간지 〈새터데이 리뷰〉도 다음과 같이 말했을 때는 좀 날카로워 보였다. "누군가에게는 엽록소(chlorophyll)에 불과한 것이 다른 이에게는 마취제(chloroform)가 된다."

751 시계 회사 텔레크론의 "시간 같은 선물은 없습니다"는 적절한 교차법이다.

752 충동구매는 오늘날 상업에서 그 어느 때보다 크게 떠오르고 있다. 어느 전문가는 사람들이 더 이상 구매(purchase)를 하는 게 아니라 '충매(spurchase, 선동이라는 뜻의 spur와 구매의 purchase를 합한 것-옮긴이)'를 한다고 했다.

753 마크 트웨인은 '라임 맞추기 사전'이 필요 없었다. 어릴 때부터 그는 '시원한 맥주 여기서 드림(Cold Beer-Served Here)'을 보고 라임이 딱 맞는다고 생각했다.

754   '루시드와 러브(Lucid and Love, 여기서는 두 사람의
이름이지만 '빛과 사랑'이라는 뜻도 됨)'는 매사추세츠주
웨이머스에 사는 변호사들이다.

755   '해리 A. 젠틀맨'은 오마하에 사는 장의사다.
마지막까지 예의!

756   침 넘어가는 소리: 캘리포니아주 롱비치에 있는
고든스(Gordon's) 레스토랑 소개말을 보면 이렇다.
"먹기 좋은 곳 - 독특해요(A good place to eat -
unique)." 어떤 음식이 나올지 궁금하다!

757   마찬가지로 캘리포니아에 있는 어느 골동품점은
이름이 '예스터하우스(Yesterhouse)'다(yester는
yesterday에서처럼 '어제의, 옛날의'라는 뜻-옮긴이).

758   보자마자 모순되는 경우
(a) 몬트리올에서: "제리의 스낵바 - 풀코스
만찬을 즐기세요."
(b) 뉴욕 현대미술관에서: "존 L. 시니어
주니어(John L. Senior, Jr.) 부부 제공(여기서는 '시니어'가
성으로 쓰였지만 원래 '시니어'는 1세, '주니어'는 2세를 뜻한다-
옮긴이)."

759 믿거나 말거나 랠프 드라이브레드(Ralph Drybread)는 인디애나주 컬럼버스에서 베이커리 트럭을 운전한다(Drybread는 직역하면 '마른 빵'-옮긴이).

760 또 있다! 헬런 D. 라이블리(Helen D. Lively, lively는 '활기 넘치는'의 뜻-옮긴이)는 캘리포니아주 오클랜드에서 영업 중인 공인 전기분해요법 치료사다.

761 뉴스에서 인용: 세이프티 퍼스트(Safety First, 여기서는 사람 이름이나 '안전제일'이라는 뜻도 됨-옮긴이) 박사가 오클라호마주에 간판을 내걸었다. 성을 먼저 써야 하는 경우 때문에 그의 부모는 세례식 때도 매우 주의했다고 한다.

762 캐나다 밴쿠버에는 크라커조크 유한회사(Krack-A-Joke. Ltd.)라는 이름의 상점이 있다. 설명 역시 제한하겠다(Ltd, 즉 Limited는 '유한회사'라는 뜻도 있고 '제한된다'라는 뜻도 있다-옮긴이).

763 단것을 좋아하는 사람이 마우이섬에 있는 와일루쿠에 산다면 '루시 구즈 런치 앤드 페이스트리 숍(Lucy Goo's Lunch and Pastry Shop)'의 단골이 될 것이다(여기서 Goo는 사람 성이지만, '끈적거리는

것'도 goo라고 한다-옮긴이).

764 역연동운동(逆蠕動運動): 테네시주 녹스빌에 있는 샤프스(Sharp's) 약국. 주간에는 클레런스 나이트(Clarence Knight)가, 야간에는 톰 데이(Tom Day)가 근무한다.

765 약국 얘기가 나왔으니 말인데, 샌프란시스코의 차이나타운에 있는 또 다른 약국은 이런 간판을 달고 있다. "온온 약국(On On Pharmacy) – 저희는 문을 닫지 않습니다(on-off가 아니라 on-on이라는 뜻-옮긴이)."

766 어두운 비밀이 없는 사람: 이름은 프레더릭 라이터(Frederic Lighter). 거주지는 로스앤젤레스. 직업은 램프 디자이너.

767 설마! N. S. 셔크(N. S. Shirk)는 보스턴 교향악단의 대리로 근무 중이다(shirk는 '빼질거리며 할 일을 안 한다'는 뜻-옮긴이).

768 불길한 이름: 시카고에 있는 금융 컨설팅 회사 그림앤컴퍼니(Grimm & Co., 여기서 Grimm은 사람 성이지만,

발음이 동일한 grim은 '무자비한'이라는 뜻이다-옮긴이).

769 직업에 딱 맞는 이름: 찰스 스피크스(Charles Speaks)는 뉴욕에 위치한 낙농업 재단의 홍보 이사로 근무 중이다.

770 잘 모르는 외국인들이 영어 때문에 겪을 수 있는 일을 설명해놓은 동양인을 위한 영어 책이 있다. 책 제목은 내용에 딱 맞는 〈100일 만에 정확히 영어(Correctly English in 100 Days)〉(Correctly가 아닌 Correct가 되어야 한다-옮긴이). 내용도 제목 못지않다. 예시: "나는 갑자기 비고용되었다(I was suddenly disemployed)." "안면으로 면접을 볼 수 있을까요(May I have an interview with you, facial to facial)?" (첫 번째 예시는 suddenly와 disemployed가 어울리지 않는 말이고, 두 번째 예시는 facial to facial 대신에 face to face로 써야 한다-옮긴이)

771 상하이에 있는 간판: "군인은 여기서 먹고 마실 수 없습니다."

772 나는 이것을 닳도록 지갑에 넣고 다녔다. 다소 소박한 뉴스인데 카피라이터들에게 훌륭한

교훈을 준다. "영국 브라이얼리 힐 시의회는 주당
20달러의 봉급으로 쥐 잡는 사람을 모집했으나
지원자가 없었다. 시의회는 다시 모집 공고를
내면서 이번에는 '설치류 담당관'으로 표시했다.
주당 18달러에 3명이 지원했다."

773 영어는 참 이상한 언어다. '페어 웰(fare well)'은
'안녕(good bye)'이라는 뜻이다. 하지만 '잘
먹는다(good eating)'는 뜻도 된다.

774 영화배우 데보라 커가 사용한 불면증에 좋다는
냉온요법: "저는 따뜻한 맥주 한 캔을 마시고
냉정한 책을 읽어요."

775 카피라이터들은 매일 자국어(vernacular)에
의존한다. 하지만 우리 중에 '버내큘러'라는
단어의 기원을 아는 사람이 얼마나 될까?
이 단어는 거슬러 올라가보면 로마 역사가
바로(Varro)가 즐겨 썼던 어휘라고 한다. 무슨
뜻이었을까? 별로 우아한 뜻은 아니다. '노예나
농노들이 사용하는 비문자적 표현'이라는
뜻이었으니 말이다. 나중에 이 단어는 '농민들이
사용하는 토착 언어'를 뜻하게 됐고, 지금은

욕설부터 사투리에 이르기까지 온갖 뜻을 가지게
됐다.

776   나는 자신들만의 상아탑에서 거품을 만들어내는
할리우드 사람들이 그들이 쓰는 대단한 단어의
비천한 뜻을 알까 싶다. '매머드(mammoth)'를
예로 들어보자. 실제로 이 단어가 탄생한 것은
대빙하기에 살았던 코끼리 덕분이었다. 매머드는
아시아의 어느 고대 종족 언어에 있는 단어와
관련된다. 지하에 이 거대한 코끼리의 뼈가 묻혀
있는 것을 발견한 그 부족민들은 이 동물이
내내 지하에 살았던 거대한 두더지 일종이라고
생각했다. 그래서 '땅에 사는 자'라는 뜻의
'마만투(mamantu)'라고 불렀다. 그렇게 해서
홍보 담당자들이 자나 깨나 매머드라는 단어를
사용하게 된 것이다.

777   아랍인들은 우리에게 '매거진(magazine)'이라는
단어를 선사했다. '창고'라는 의미다. 자신의
'매거진'을 능가하는 광고쟁이는 없다.

(미국신문출판인협회 사람들이 이 말을 너무 곧이곧대로 듣지는
않았으면 한다.)

778 '유아(infant)'는 어원적으로나, 생물학적으로나 말을 못하는 생물이므로 '열등하다(inferior)'. 이 단어의 탄생 배경은 중세로 거슬러 올라가는데 당시에는 걸어다니는 병사(infantryman)가 말을 탄 기사보다 열등했다.

779 어느 유명한 작가가 어느 여자로부터 닦달을 당했다. "말해보세요. 대체 글을 어떻게 쓰시는 거죠?" 작가가 대답했다. "왼쪽에서 오른쪽으로요!" 신랄한 대꾸다.

780 일본에 다녀온 친구가 도쿄의 자동차 운전 가이드를 가져왔다. 적힌 내용은 이런 식이었다. "1. ... 경찰이 손을 들면 빠르게 세운다. 2. ... 보행자가 시야에 들어오면 경적을 울린다. 처음에는 가볍게 울리고, 여전히 방해가 되면 세게 울린다. 안녕하세요! 안녕하세요! 말로 경고를 표시한다. 3. ... 돌아다니는 말이 겁먹지 않게 주의한다. 말 옆을 지날 때는 배기가스를 내뿜지 말고 달래듯이 지나가라."

781 제임스 월런(James Wallen)은 광고에 도저히 적용할 수 없는 공식들을 알려주며 즐거워하곤 했다.

다음은 그가 알려준 프랑스인들이 연애편지 쓸 때의 공식이다. "무슨 말을 할지 모르는 상태로 시작해서 무슨 말을 했는지 모르는 상태로 끝낸다."

782 스웨덴에서 수입한 로다 비에른(Roda Björn)이라는 분말 광택제에는 이런 순진한 주의 문구가 적혀 있다. "로다 비에른은 건강이나 피부에 유해할 수 있는 성분을 전혀 포함하고 있지 않습니다. 그러나 들이마시는 것은 위험합니다." 궁극적으로 소비자에게 경고하는 건 없다!

783 성인용 편의점에 있는 아이 같은 철자법: "아기는 필름 담배가 필요합니다(BABY NEEDS FILMS TOBACCO)." ('BABY NEEDS, FILMS, TOBACCO'처럼 쉼표를 찍어야 '아기 용품, 필름, 담배'라는 제대로 된 뜻이 된다— 옮긴이)

784 그 뜻은 아니었겠지: "다이어트를 할 때는 먹는 것이 중요합니다!"

785 밑에 있는 것을 집으려다가: 비스토발(BESTOVALL) 스카치 타입의 쿠키. 잠깐 동안 나는 쿠키가

아니라 스토브(stove) 얘기를 하는 줄 알았다.

786   서부에 있는 한 굴착 회사는 이렇게 깔끔한 문장을 발굴해냈다. "흙 속의 깨끗한 거래(A Clean Deal in Dirt)."

787   시대의 흔적: "주피터가 깨끗이 청소해 드립니다(GOOD CLEANING by Jupiter)." – 일리노이주 에반스턴 외곽(이 책이 쓰일 즈음 미국에서 주피터라는 이름의 탄도 미사일이 개발되었다–옮긴이).

788   일부러 헷갈리기도 힘든 문장: "신선하게 깨뜨린 통달걀"은 베스트푸드(Best Foods)의 마요네즈에 적혀 있는 글이다. '신선한 달걀을 방금 깨뜨렸다'는 뜻일까? 아니면 '생산 날짜를 알 수 없는 달걀을 방금 깨뜨려 신선하다'는 뜻일까? 같은 뜻은 절대 아닐 텐데!

789   엠버시(Embassy) 파자마: "이 파자마는 과학적으로 인간의 몸에 딱 맞도록 디자인되었습니다." 해부학적 구분을 해준 덕분에 고양이 파자마가 아닌 걸 알 수 있어 다행이다!

790 슬픈 부가 정보: H. T. 웹스터(H. T. Webster)
만화책의 출판사 직원이 알려준 사실이다.
〈아내를 고문하는 방법〉이 〈남편을 고문하는
방법〉보다 여섯 배나 많이 팔렸다고 한다. 누가
누구를 고문한다고?

791 에스키모인들이 가난하다고 불쌍히 여길 것이
아니다. 그들은 우리보다 훨씬 더 구체적인
언어를 사용한다.
예시: 우리에게 내리는 눈은 그냥 '눈'일
뿐이다. 에스키모인에게는 내리면서 녹는 눈은
'아킬로키폭(akkilokipok)', 내리면서 어는 눈은
'코알러폭(koalerpok)', 똑바로 떨어지는 눈은
'사케토복(sakketovok)'이다.

copy
capsules

소비자에게
다가가려면

792   여러분의 첫 번째 장애물은 울타리 저쪽에 있는 소비자에게 건너가는 일이다. 그러고 나면 한결 수월해진다.

793   이유를 알려준다고 소비자들이 물건을 사지는 않는다. 소비자가 물건을 구매하는 이유는 그가 지불하는 돈보다 내가 파는 물건이 더 갖고 싶기 때문이다. 그러니 먼저 감정을 자극하라. '필요하다'가 아니라 '원하다'를 이야기해라. 그런 다음 합리화하라. 왜 좋은 거래인지 보여줘라.

794   얼마나 많은 소비자가 읽느냐는 중요하지 않다. 중요한 것은 얼마나 많은 소비자가 '알게 되느냐'다.

795   소비자는 내 메시지의 농담(jest)이 아니라 요점(gist)을 알고 싶어 한다.

796   소비자가 내게 귀를 기울일 만한 무언가를
쥐야 한다. 시간을 낼 가치가 있게 만들어줘라.
소비자가 내 제품이나 서비스를 사지 않더라도
다른 사람에게라도 좋은 이야기를 하게 만들어.

797   기억하라. 소비자는 감동은 받지 않아도 영향을
받을 수 있다. 그가 움직이기 전에는 내 제품도
움직이지 않는다.

798   소비자가 볼 때는 머리로 보지만, 살 때는
마음으로 산다.

799   내 글이 인쇄된다는 생각을 잊어버려라. 실은
내가 글을 쓰고 있다는 사실도 잊어버려라. 그냥
단순하고(simplicity) 진실되게(sincerity) 소비자에게
얘기를 해라.

800   소비자는 내 광고를 좋아해야 하는 것이지 사랑할
필요까지는 없다. 광고를 좋아하면 내가 파는
것도 좋아할 것이다. 광고를 사랑하면 내가 하는
'말'에 정신이 팔려 오히려 내가 '뭘 파는지'는
잊어버릴 것이다.

801 글을 쓰면서 지루했다면 읽는 사람이 하품하는
것을 탓하지 마라.

802 독자 스스로 자주 해볼 만한 질문을 해라. 그런
다음 답을 대신 줘라.

803 글을 쓰면서 머리에 불이 나지 않는다면 소비자가
어떻게 내 말을 읽으며 따뜻해지겠는가?

804 헤드라인에 충분한 시간을 들이지 않으면 읽는
사람도 광고에 아무 시간을 내주지 않을 것이다.

805 읽는 사람 마음에 무엇을 넣어주고 싶은지 내
머릿속에 분명하게 있지 않다면 값비싼 안개나
뿌리고 다니는 꼴이다.

806 가다 서다를 반복하면 차가 지친다. 읽는 사람도
지친다.
교훈: 어디로 가는지 알고 있어라. 그리고 계속
가라.

807 소비자가 내게 친절하지 않은 것이 아니다.
소비자는 그냥 무관심한 것이다. 소비자에게

득점을 올리려면 내가 날린 공이 무관심의 그물을
넘어가야 한다.

808 기억하라. 소비자는 눈으로 먹는다. 그러니
소금과 후추는 적당히 뿌려라.

809 행동을 요구하라! 할 말을 다하고 물건을
팔았다면 소비자가 행동하게 만들어라.

810 구멍을 뚫는 것은 누구라도 할 수 있다. 하지만
당신이 발견하는 것은 석유일까, 분노일까?

811 '자극'이 메시지를 소비자에게 각인시키는 훌륭한
방법이라고 말하는 사람들이 있다. 흠, 자극은
상처 난 부위에 바르는 요오드와 같다. 약간은
도움이 되지만, 많이 쓰면 아프다.

812 작가와 독자 사이에는 읽는 내내 한판 승부가
펼쳐진다. 가장 중요한 것은 타이밍이다. 악수를
해야 할 때가 있고, 뒤통수를 치고, 가벼운 잽을
날리고, 어퍼컷, 바디블로, 마지막 훅을 날려야
할 때가 있다.

813 기억할 사항: 같은 출판물을 이용하는 모든 광고주는 정확히 똑같은 수의 독자를 제공받는다. 그러니 관객을 탓하지 말라. 모든 건 광고 탓이다.

814 신상품: 어느 하버드대학교 교수가 기차 좌석 제조업체의 의뢰를 받아 실시한 설문조사를 보면 여성 통근자 중 25퍼센트 이상이 기차를 타면 신발을 벗는다고 한다. 그렇다면 글을 읽을 때 마음을 벗어놓는 사람은 얼마나 많을까?

815 광고 의뢰인의 OK를 받는 것은 물론 중요하다. 소비자의 OK를 받는 것은 더 중요하다.

816 끝에서부터 시작하라. 광고가 작가가 아닌 소비자에게 어떻게 보일지 살펴라.

817 일부 광고는 소비자에게 뭔가를 팔려는 것이 아니라 소비자를 '포함'시키는 친근한 기술을 갖고 있다. 다음과 같은 오래된 출판 원칙을 재확인시켜주는 셈이다. '똑똑한 편집자는 독자를 공동 편집자로 만든다.'

818 소비자의 이해 범위를 벗어나버리면 사업에

글을 쓰면서 머리에 불이
나지 않는다면 소비자가
어떻게 내 말을 읽으며
따뜻해지겠는가?

도움이 안 된다. 소비자가 지금 사는 그곳에 맞추고, 쉬운 말로 큰 진실을 이야기하고, 소비자가 알아듣는 언어로 말하는 것이 사업에 도움이 된다.

819 카피라이터가 뉴스를 찾아내는 능력이 없다면 밥값을 못하는 것이다. 그런데도 왜 그렇게 많은 사람이 큰 뉴스를 작은 텍스트에 묻어버릴까? 기억하라. 우리는 워밍업에 얼마든지 시간을 들여도 좋지만, 소비자는 그렇게 하지 않는다. 스토리는 따끈따끈할 때 소비자에게 전달되어야 한다.

820 파는 제품에 흥분되지 않는다면 소비자가 내 글을 보고 흥분하기를 기대하지 마라.

821 발자크는 말했다. "아무리 단단한 머리에도 어딘가는 금이 있다." 어떤 소비자든 아킬레스건이 있다. 우리의 일은 그걸 찾는 것이다.

822 과하게 평가하면 소비자는 속았다고 느낄 것이다. 덜어내며 말하면 소비자는 신날 것이다.

823 성공하려면 광고는 '이기적'이어야 한다. 하지만 소비자 입장에서 이기적이어야지, 광고주 입장에서 이기적이면 안 된다.

824 소비자보다 영리해질 수 있는 방법을 아는가? 시도조차 안 하면 된다.

825 품위가 필요한 곳도 있다. 하지만 때로는 바닥으로 내려가 대중과 공기놀이를 하는 것이 영리할 때도 있다.

826 대중은 퍼레이드를 좋아할 뿐만 아니라 그들 자체가 하나의 퍼레이드다.

827 편집자라면 누구라도 이렇게 말해줄 것이다. 사람들은 자신이 전혀 모르는 것에 관해 알게 되는 것보다는, 자신이 이미 아는 것에 관해 '좀 더 많이' 아는 데 더 관심이 있다.

828 대중은 말 못하는 벙어리가 아니다. 감각을 못 느끼는 사람도 아니다. 대중은 혼쭐이 나는 것보다는 우쭐해지는 것을 좋아한다. 루소는 이렇게 말했다. "현명한 자와 논쟁을 해야지,

대중과 논쟁을 벌이면 안 된다.”

교훈: 논쟁에서 이기고 판매에서 진다면 현금 들어오는 소리는 잘 안 들릴 것이다.

829 사람들은 남들과 달라 보이려고 기를 쓴다. 그러면서 동시에 남들과 비슷하기를 염원한다. 모순이라고? 물론이다. 광고가 언제나 쉽지 않은 것은 인간 행동의 이런 모순 때문이다.

830 기억하라. 그녀는 '숙녀(lady)'다. 잊지 마라. 그녀는 '여자(women)'다.

831 설교에 관한 오래된 농담이 있다. “대부분의 영혼을 구제하는 건 처음 20분이다.” 똑같은 농담이 광고에도 충분히 적용된다. “대부분의 판매가 일어나는 건 처음 20단어다.”

832 대중은 언제나 행군 중이다. 내 메시지가 보조를 맞추려면, 내가 쓰는 말도 행군 중이어야 한다.

833 사람은 변하지 않지만, 그들을 내 쪽으로 끌고 올 수는 있다.

834   호소의 기술? '내 일'처럼 보편적으로 말하라.
그러면 호소력이 생길 것이다!

835   오래전 카피 천재였던 조지 메츠거는 늘 다음과
같은 2행시를 좋아했다. "존 스미스에게 존
스미스가 사는 것을 팔려면 존 스미스를 존
스미스의 눈으로 보아야 한다." 좀 더 비밀스럽게
표현해보자. "개인들의 관심사(self-interest)에
부합하는 게 매장에도 이익(shelf-interest)이다."

836   "자기애는 다른 모든 사랑의 불씨를 끈다." 누가
한 말일까? 기원전 300년 에피쿠로스의 말이다.
나는 나를 사랑하고, 너는 너를 사랑한다. 그렇기
때문에 광고가 제값을 하려면 이 질문에 답해야
한다. "그 물건이 나에게 뭘 해주는가?"

837   광고 속에 사람이 북적거리게 하라. 이유는
간단하다. 사람은 언제나 사람들에게 관심이
있다.

838   서머싯 몸은 〈달과 6펜스〉에서 이렇게 말했다.
"월터 롤리 경은 미지의 나라에 영국 여왕의
이름을 남긴 것(지금 미국 '버지니아주'는 월터 롤리 경이

독신이었던 엘리자베스 1세를 기리며 붙인 이름이다-옮긴이) **보다 엘리자베스 1세를 위해 망토를 깔아준 것 때문에 더 인류의 기억 속에 고이 남게 되었다.**"
교훈: 메시지의 알맹이가 될 고기에 관해 고민하라. 그러나 소비자가 디저트만 기억한다고 해서 실망하지는 마라.

839   지난 24시간 동안 스스로 잊어버린 게 얼마나 많은지 생각해보라. 그럼에도 불구하고 우리는 지난 달 광고에서 내가 한 말을 소비자가 기억해주길 바란다!

840   여자는 남자처럼 생각하지 않기 때문에 남자처럼 구매하지 않는다. 생물학(biology)과 구매(buy-ology)는 생각보다 관련이 많다.

841   광고가 살아남아야 사람들이 사는 곳으로 찾아갈 수 있다.

842   사람들은 유별나지 않다. 그저 인간적일 뿐이다. 그래서 사람들은 종종 스스로도 자신을 이해하지 못한다.

843 사람은 바뀌지 않는다. 마음은 바뀐다. 기분은 바뀐다. 옷은 바뀐다. 직업은 바뀐다. 아내와 남편, 집은 바뀐다. 하지만 사람들 자체는 바뀌지 않는다.

844 글을 쓰거나 말을 할 때는 늘 이 점을 기억하라. "대중은 한 사람이다." 영국 총리였던 글래드스톤의 일화가 기억나는 사람도 있을 것이다. 총리가 불평을 했다. "제가 말할 때 왜 제 말을 듣지 않으십니까?" 젊은 빅토리아 여왕은 답했다. "무슨 공식 회의인 양 말하니까요."

845 사람들은 '사고'로 생각하는 것이 아니다. '느낌'으로 생각한다. 그게 바로 감정이다.

846 대중은 내가 얼마나 뛰어난지에 관심이 없다. 그들은 내 제품이 자신들에게 어떤 도움이 될지에 관심이 있다.

847 대중은 무엇을 읽고 무엇을 듣느냐가 아니라 '무엇을 사느냐'로 존재를 드러낸다.

848 인생의 (그리고 사업의) 아이러니 중 하나는 실제로

뭐가 아이러니인가는 결국 중요하지 않고
사람들이 뭐가 아이러니라고 생각하느냐가
중요하다는 점이다.

849 대중은 대중이 대단하다고 생각한다. 똑똑한
광고쟁이는 그 의견에 동의한다. 그리고 그에
맞춰 글을 쓴다.

850 용기 있는 광고에 대중이 얼마나 빠르게
반응하는지 한번 보라. 이유가 뭘까? 그런 광고가
워낙 드물기 때문이다.

851 대중이 바보라고 생각하는 사람은 바보뿐이다.

852 뭐가 구매를 일으키는지 알면 카피는 성공한다.

853 해리 삼촌과 엠마 숙모가 내 카피를 좋아하지
않는 것은 괜찮다. 그러나 일반 대중이 내 카피를
좋아하지 않는 것은 큰일이다.

854 훌륭한 와인은 간판이 필요 없다. 훌륭한 카피는
푸시가 필요 없다. 훌륭한 카피는 핑계대지
않아도 효과가 입증된다.

사람들은 '사고'로 생각
하는 것이 아니다. '느낌'
으로 생각한다.
그게 바로 **감정**이다.

855 단어를 개척하는 것보다 사람을 개척하는 것이 더 중요하다. 사람을 이해하는 사람은 별로 없다. 훌륭한 작가가 드문 것은 그 때문이다. 단어를 벼리는 대장장이는 얼마든지 있다. 단어보다 더 강한 건 인간의 본성이다.

856 광고에 까다롭게 옷을 입히는 것과 거기에 목을 매는 것은 전혀 다른 문제다. 정말로 중요한 것은 '무슨 말을 하는가?'다.

857 혼자서 카피를 쓰는 사람이 생각해야 할 3가지 질문: 잘 읽히는가? 그럴듯한가? 믿을 만한가?

858 똑똑한 광고쟁이는 어디서부터 수학 방정식이 끝나고 인간 방정식이 시작되는지 안다.

859 일부 광고쟁이는 그냥 호기심이 많다. 다른 광고쟁이는 '정확한 팩트'에 대한 어마어마한 호기심을 개발한다.

860 소비자가 관심을 갖는 것은 좋다. 소비자가 받아들이는 것은 더 좋다. 소비자가 요구하는 것이 가장 좋다.

861 우리가 느끼는 방식은 구매 방식과 큰 관계가 있다. 구매 방식은 심리학 못지않게 생리학과 큰 관련이 있다.

862 어느 유명한 공군 조종사의 말이지만 판촉 전쟁에도 해당되는 얘기: "아이디어에 맞서 싸울 수 있는 무기는 더 좋은 아이디어뿐이다."

863 사람들 생각이 부정확하다는 증거: 평균적인 사람은 자신의 지능이 평균보다 더 높다고 생각한다.

864 유전과 환경 중에 인간의 형성에 더 큰 영향을 주는 것이 무엇이냐 하는 문제는 격렬한 논쟁 주제다. 하지만 다음 문제에 대해서는 이론이 별로 없다. 우리의 정체성은 우리가 갖고 싶은 것에 영향을 미친다. 우리가 갖고 싶은 것은 우리의 구매에 영향을 미친다. 구매는 판매에 영향을 미친다. 따라서 우리는 '인간 행동'이라는 변덕스러운 척도로 곧장 되돌아올 수밖에 없다. 인간은 과연 어떤 존재인가라는 척도.

865 그리스어 '로고스(logos)'는 '연구하다'라는 뜻이다.

따라서 (재미있으려고 하는 얘기가 아니라) 광고에 로고스가 너무 많으면 읽는 사람에게 너무 많은 연구가 필요하다. 광고는 소비자가 한눈에 보고 읽을 수 있어야지, 제품 이름에서 벌써 떠듬거려서는 안 된다.

866 사람은 높이 있으나 낮게 있으나 언제나 별을 향해 손을 뻗는다. 그러니 한 단계 더 좋은 것으로 바꿔라!

867 남자보다는 여자가 충성도가 높고 동시에 변덕도 더 심하다고 한다. 연애 얘기가 아니라 물건 구매 얘기다.

868 남자는 자신의 논리를 자랑스러워하고, 여자는 자신의 직관을 자랑스러워한다. 실제로는 둘 다 쉽게 속아 넘어가며 살아간다.

869 미국 사람들은 한 가지를 오래 사용하지 않는다. 유행이 금방금방 바뀐다. 이유가 뭘까? '건강한 불만족' 때문이다.

870 군중도 가늠할 수 있다. 사실 군중은 바보다.

군중 심리에 관한 연구를 기술하면서 독일의
시인 겸 철학자인 실러는 이렇게 말했다. "누구나
개인으로 보면 꽤 현명하고 합리적이다. 군중의
일원으로 보면 곧장 멍텅구리가 된다."

871   기이한 인간의 본성이 궁금할 때 읽어볼 만한
글: 한때 영국에서 소매치기가 너무 성행하자
소매치기 범죄자를 사형시킬 수 있도록 했다.
그럼에도 불구하고 그런 처형 장면을 보기 위해
사람들이 우르르 몰리면서 그 어느 때보다 많은
소매치기가 발생했다!
보다 최근 사례: 앨라배마주 버밍엄에 있는
공립도서관 관장 에밀리 댄턴은 유달리 자주
도둑맞는 책 두 권은 다음과 같다고 했다.
1. 칼로리표 2. 성경.
이들 사례로부터 사회과학자들이 추론할 수 있는
사실: 사람들은 체중을 떼어내고 영적인 은총을
입는 데 관심이 있다. 심지어 회개 과정에서
십계명 중 하나를 어기는 일이 있더라도 말이다.

872   인간이라는 동물은 괴상한 것이 아니라 혼재되어
있을 뿐이다. 선하면서 악하고, 독하면서
상냥하고, 강하면서 약한 것이 모두 하나의

존재에 들어 있다.

873   당신의 감각과 감정은 당신의 정신보다 더
오래되었고 더 강하다. 다른 '원시적' 사람들을
위해 글을 쓸 때는 이 점을 기억하라.

874   인간 행동의 이모저모: "모든 사람은 면면에 따라
다른 모든 사람과 똑같기도 하고, 일부 사람과만
같기도 하며, 그 누구와 같지 않기도 하다."

875   그래서 프랑스 작가 라 로슈푸코는 이렇게
말했다. "인간을 아는 것보다 인류를 아는 게 더
쉽다."

876   작고한 존 듀이는 그것을 이렇게 표현했다.
"우리가 이성에 대한 신뢰를 상실한 것은 사람이
대개 습관과 감정의 동물임을 알게 되었기
때문이다."

877   격투기를 보려고 거대한 스타디움을 가득 채운
사람들은 식전 행사 내내 하품을 하지만 메인
이벤트가 진행되면 돌변한다. 글을 쓸 때는 이
점을 기억하라.

878 혼잣말은 그만둬라. 읽는 사람에게 말을 해라.
그리고 사람들을 '보고' 말하지 말고, 사람들'에게'
말하라.

879 훌륭한 광고는 광고 자신의 수명보다 소비자의
삶에 더 관심을 가진다. 기억하라. 소비자는
소비자 스스로에게 더 관심이 있다.

880 소비자의 생각부터 고려하고 있다면 생각을
제대로 쓰고 있는 것이다.

881 뼈만 남도록 추려서 말하면, '판매의 기술'은 곧
'쉽게 말하는 기술'이다.

copy
capsules

돈을
지불하는 사람,
광고 의뢰인에
관해

882 똑똑한 광고주는 훌륭한 환자와 같다. 진단이나
처방에 간섭하지 않는다.

883 광고는 종종 광고주라는 난관에도 불구하고
성공한다. 일반 상식을 적용한 광고는 실패하기
어려울 정도로 강력하다.

884 큰 예산을 좌우하는 최고 자리에 있으면서도
광고가 어떻게 돌아가는지 이해하지 못하는
경영자가 많다. 그들은 왜 광고가 판매와
통합되어야 하고, 구매와 보조를 맞추어야
하며, 업계뿐만 아니라 주주 및 직원들에게까지
끊임없이 호소력을 가져야 하는지 이해하지
못한다.
교훈: 광고를 파는 작업은 (자선 활동과 마찬가지로)
내부로부터 시작된다.

885 광고 의뢰인은 자기 마음이 뭔지 모른다. 알아도

두려워서 내게 털어놓지 못한다. 그렇지 않은
의뢰인이 있다면 알려달라!

886 여전히 진실인 것: "광고를 안 하는 사람도 자기
사업에 대해서 알 수 있다. 하지만 남들은 아무도
그의 사업을 모른다."

887 급하게 광고하는 사람은 뭔가로부터 도망치는
중이거나 뭔가를 향해 돌진하는 중이다. 준비되기
전에 광고를 시작하는 것은 준비되었는데도
시작하지 않는 것만큼이나 안 좋다. 자신의
시장에 들어가는 열쇠를 찾는 일은 열쇠장이와
거래를 잘하는 데 달렸다.

888 인생의 달콤한 미스터리: 똑똑한 비즈니스맨은
똑똑한 광고쟁이를 고용해놓고 왜 자기가 직접
광고를 하겠다고 하는 걸까?

889 기업가 필립 아머는 이렇게 말했다. "나에게
뭔가를 알려줄 사람을 돈 주고 고용했다면 그
사람 말을 듣는 게 낫다." 현명한 조언이다.
하지만 과연 그대로 하는 광고 의뢰인이 얼마나
될까?

890   광고를 무슨 약통처럼 이용하는 비즈니스맨이
너무 많다. 그 결과는? 종종 장의사를 불러야 할
때 의사를 부른다.

891   외과의사에게 칼자국이 길다, 짧다 하는 사람은
없다. 그건 의사 소관이기 때문이다. 카피가
길다, 짧다 하는 의뢰인에게는 이건 '내 일'이라고
말하라.

892   광고를 무슨 독주(毒酒)처럼 접근하는
비즈니스맨이 너무 많다. 마셔도 되고 안 마셔도
된다는 식으로.

893   광고주가 (종종 스스로도 놀라면서) 딱 맞는 아이디어를
들고 오는 경우가 있다. 그럴 때는 그 아이디어를
사용하라! 꼭 내 것이어야 좋은 아이디어인 것은
아니다.

894   다른 때는 똑똑하면서 자신의 광고가 뭐가
잘못됐는지는 듣기 싫어하는 사람들이 있다.
그들은 자신의 모자가 완벽하다는 소리를
듣고 싶어 한다. 어쩌면 그들에게 필요한 것은
나비넥타이를 1센티미터만 오른쪽으로 돌리는

것일 텐데 말이다.

895   광고에서 가장 큰 비용을 치르는 범죄:
      스스로에게 광고하는 것.

896   요람이 아니라 묘지에 서서 '내 갈 길 멀고
      밤은 깊은데'를 부르는 광고주가 너무 많다. 둘
      사이에는 하늘과 땅 차이가 있다.

897   광고 매니저란 광고를 관리하고 싶으나 거의
      그러지 못하는 사람이다.

898   종종 통치하는 것이 허용되지 않으니 호통을
      치려는 광고 매니저들을 보게 된다. 더 많은
      권력을 갖게 되길!

899   기억하라. "그 공간에 돈을 낸 사람이 그 자리가
      제값을 하게 만드는 사람은 아니다."

900   자리가 없어서 뭘 뺄까 걱정하지 말고 그 자리에
      뭘 넣을지 걱정해라.

901   프리드리히 1세가 이런 말을 했다고 한다. "많은

사람과 나는 무엇이 우리 모두를 만족시키는지 합의에 이르렀다. 저들은 저 하고 싶은 말을 하고, 나는 나 하고 싶은 일을 한다." 의뢰인과 광고 회사가 저런 관계인 경우가 얼마나 많을까? 위로가 된다면 '너무 많다'는 게 내 대답이다.

902 회사 크기가 광고주로서의 수준을 알려주지는 않는다. 대기업들 중에는 가장 덜 진보적인 곳들도 있다. 크기가 크다고 배당을 많이 하지는 않는다. 그냥 크기만 크고 쇠퇴하는 중인 회사들도 있다.

903 여러 사람의 진단부터 들어보려는 광고쟁이가 너무 많다. 광고주로 하여금 문제를 들고 오게 하라. 그러면 즉시 미열부터 발진까지 세일즈와 관련한 모든 증상을 구체적으로 알려줄 것이다. 광고와 마케팅이 그렇게 쉬운 일이었으면 죽은 세일즈가 그렇게 많지 않을 것이다.

904 시끌벅적한 광고 시상식이 다 끝나고 나면 자신의 판매 기록을 조용히 한번 살펴보라. 어쩌면 진짜 주인공은 미운 오리 새끼일지 모른다.

905 수많은 기업의 회계 담당자에게 광고와 판매 프로모션은 그저 '편도선'일 뿐이다. 칼을 손에 쥐었을 때 가장 먼저 잘라내야 할 부분이다. 대체 건강을 어디로 유지하는 거라고 생각하는 걸까?

906 제대로 된 신상품을 내놓지 않고도 사업 수명을 연장하는 기업들이 있다. 그들은 계속해서 큰 돌을 부숴 작은 돌을 만들어 거기에 그럴듯한 이름을 붙인다.

907 고인이 된 필 레넌은 내가 아는 가장 타고난 카피라이터였다. 그런데도 그는 이렇게 말했다. "타고난 제품이 타고난 펜대보다 강력하다."

908 광고가 좀 더 깨끗하고 신뢰할 만해졌다고 느낄 때쯤 읽는 사람을 한방에 지옥으로 보내버리는 카피를 보게 된다. 코너만 돌면 묘비가 있다는 사실도 일부 광고주를 말릴 수는 없는 모양이다.

909 호소력을 가지려면 대로로 가는 편이 장기적으로 보면 가장 좋을 뿐만 아니라 가장 값싼 방법이다. 이랬다저랬다, 돌아갔다 바로 갔다 지름길로 갔다가 하는 것은 목적지까지 가는 데 시간도 더

걸리고 브레이크도 더 닳고 은행 잔고도 더 많이 줄어든다. 똑똑한 광고주는 대로를 피하는 것이 아니라 대로를 향해 달린다.

910 달걀과 소금, 후추, 크림을 준비한다. 그릇에 넣고 잘 섞는다. 거품이 잔뜩 난 그것을 달구어진 팬의 녹인 버터 위에 쏟는다. 결과물은? 스크램블드 에그다.

질문: 완성된 요리에서 어느 한 가지 재료라도 분리해낼 수 있는가? 광고는 판매라는 과정에 하나로 편입되어 있는 일부. 통신 판매 카피를 비롯한 한두 가지 형태를 제외하고는 특정 광고를 콕 꼬집어서 "이게 이런 효과를 냈어. 저게 저런 효과를 냈어"라고 말할 수 없다. 세일즈맨이 만들어낸 결과에서 광고로 인한 효과를 분리해내려고 시도하는 제조업체는 수박 겉핥기밖에 못한다.

911 사람으로 구성된 '의뢰인'은 종종 공개된 팩트에 대해서도 마음을 닫는다. 그리고 어마어마한 목록의 선입견을 수집해둔다. 한번은 내 의뢰인 중에 '포크스(folks, 부모님이나 시골의 일가친척 등을 칭할 때 쓰는 말)'라는 단어를 싫어하는 의뢰인이 있었다 (대형

외과의사에게
칼자국이 길다, 짧다 하는 사람은 없다.
그건 의사 소관이기 때문이다.
카피가 길다, 짧다 하는 외주인에게는
이건 '내 일'이라고 말하라.

정작 그 사람 본인은
소박하고 선량한 미국 가정 출신이었는데 말이다.
게다가 그가 출판하는 책들의 키워드는 '따뜻하고,
투박하고, 시골스러운 사람들'이었다. 또 다른
의뢰인 중에는 그냥 '일(job)'이라는 단어 자체를
참지 못하는 사람이 있었다. 그래서 '업무'나
'프로젝트' 등 뭔가 점잖은 단어를 사용해야
했다. 또 한 사람이 있는데 '나오다(stem)'라는
단어에 알레르기를 보였다. "... 그 모든 게 똑같은
출처에서 나왔다"라는 카피를 "그 모든 게 똑같은
출처에서 발원했다"로 바꿔야 했다. 요약하자면,
이런 것들은 자기 마음에 들려고 글을 쓴다는
뜻이다. 좋아하는 단어를 실컷 쓰고 개인적
편견을 알리기 위해서 돈을 쓴다는 뜻이다.
얼마나 돈이 많이 드는 취미인가! 의도 자체는
선량한 그들에게 나는 영국 빅토리아 시대의
위대한 어느 소설가의 태도를 권해주고 싶다.
조지 엘리엇은 대단한 여성이었다. 그녀는 저녁
식사와 빚을 제외하고는 모든 문제를 토론 가능한
대상으로 보았다. 그녀는 이렇게 말했다. "식사는
먹어야 하고, 빚은 갚아야 한다. 이것이 내가 가진
유일한 선입견입니다."

912 제품을 만든 사람보다 그 제품을 잘 아는 사람은 없다. 그렇다고 그 물건을 파는 데 있어서도 그 사람이 권위자가 되는 것은 아니다.

913 때로는 의뢰인이 부탁하는 대로 해주는 것이 의뢰인을 잃는 가장 빠른 길이다.

914 자신의 카피에 대해 솔직한(candid) 의견을 원하는 광고주는 없다. 대부분은 사탕발림(candied)을 원한다.

915 언젠가는 업계 광고주들도 혼수상태에서 깨어날 것이다. 그리고 인쇄물로 만날 잠재적 고객들도 자신들만큼이나 인간적이라는 것을 깨닫게 될 것이다. 벽에 공학 학위가 걸려 있다고 해서 그가 계측기가 되는 것은 아니다. 청사진에는 드러나지 않더라도 그는 여전히 마음을 가진 사람이다.

916 광고주들 중에는 본인의 성공에 죽도록 겁을 먹은 사람들이 있다. 그들은 혹시라도 그걸 '망칠 수 있는' 일은 그 무엇도 하지 않으려고 한다. 그래서 경직되고 딱딱하고 죽도록 지루한 곳으로 몸을 피한다. 색깔과 따뜻함을 가지면서도 여전히

품위 있고 단정할 수 있다. 딱딱하고 정확하고
얼음처럼 차가울 필요는 없다. 품위는 사람의
고귀한 정신과 개성과 진실됨에서 나오는 것이다.
무언가를 지지하기 때문에 나오는 것이다. 그가
자기 자신이기 때문에 나오는 것이다. 최고급
양품점에서 맞춘 옷을 입는다고 해서 품위가
생기는 것은 아니다. 뻣뻣해질 뿐이다. 이 점은
사람의 옷뿐만 아니라 광고의 옷을 입힐 때도
똑같이 적용된다. 비유를 살짝 바꿔보면, 당신의
광고는 기차를 기다리고 있는 멋진 여인인가,
아니면 어딘가를 향해 가고 있는가?

917 내가 '수도꼭지들'이라고 부르는 사람들이
있다. 자꾸만 틀었다, 잠갔다를 반복하는
광고주들을 가리키는 말이다. 그들은 광고에
어마어마한 돈을 쓰면서도 광고가 근본적으로
왜 중요한지 이해하지 못한다. 그들의 비즈니스
사고에서 광고는 '필수 요소'가 아니다. 그들은
제조업자이지 시장 전문가가 아니다. 공장에
뭔가가 필요하면? 그토록 확고할 수가 없다.
하지만 광고는? 경쟁자들 때문에 어쩔 수 없이
하는 일이다. 안 하기는 겁나기 때문이다.
이렇게 모순된 사람들을 보면 나는 항상 스탈

부인(Madame de Stael)의 고전이 떠오른다.
"나는 유령을 믿지 않아요. 하지만 죽도록
유령이 두렵네요." 광고에 대한 신념이 없다면
아무것도 못 가진 셈이다. 사람들이 당신 제품을
믿어주기를 바라는가? 광고에서 당신이 하는 말을
믿어주길 바라는가? 그렇다면 당신 자신부터
광고의 힘을 믿어야 한다.

918 대량 소비를 위해서는 대량 호소가 필요하다고들
한다. 하지만 훌륭한 광고 아이디어들 중에서
'컨트리클럽식 사고' 때문에 학살된 것들이 얼마나
많은가!

919 나는 사람의 IQ보다 QI(Quick Intelligence, 빠른 판단
능력)가 훨씬 흥미롭다.

920 사람에게 가장 중요한 끝(end)은
배당금(dividend)이다. 광고에서 가장 중요한 끝은
매출이다.

921 제조업체들이 대중을 바꾸려 하기보다 자신의
제품을 쇄신한다면 훨씬 더 좋은 결과를 볼
것이다.

922   누군가에게 가장 큰 경쟁자에게 사업을 맡기라고 한다면 버럭 화를 낼 것이다. 그런데도 경쟁자가 광고를 그만두면 자신도 그만두는 사람들이 너무 많다. 그러니 누가 누구를 경영하는 것인가?

923   광고 회사를 선정하면서 어떤 광고주들은 책상 수를 세고, 다른 광고주들은 머릿수를 센다. 구매업체가 너트와 볼트 사듯이 광고 회사를 사는 거라면 구매한 그대로 하드웨어는 남을 것이다. 중요한 것은 머리지 몸통이 아니다.

924   훌륭한 광고 회사들은 사실상 모두 똑같은 기본 서비스를 제공한다. 조사, 시장분석, 미디어, 판촉 등이 그것이다. 그런 그들이 눈에 띄게 다른 부분은 '창의적 역량'이다. 그들의 인간적 요인, 쇼맨십 감각, 주어진 제품의 발굴된 팩트에 드라마틱한 해석을 부여하는 능력이 다르다.

925   광고에서 아이디어보다 더 강력하고 귀중한 것은 없다. 확고하고 지속적인 아이디어를 만들어낼 수 있는 사람은 찾아보기 힘들다.

926   광고에 쓸 수 있는 돈이 3달러라면 로스트비프를

사라. 새 모이밖에 안 되는 호화로운 식사를 사지
마라.

927 광고를 믿는 것만으로는 충분치 않다. 좋은
광고를 믿어야 한다. 그리고 좋은 광고를 위해
기꺼이 비용을 지불해야 한다.

928 때로는 의뢰인이 좋아하지 않을 것이 확실한
아이디어를 제시하는 것도 똑똑한 방법이다.
어쩌면 놀랍게도 의뢰인은 그 아이디어를
좋아할지도 모른다! 그리고 처음부터 생각해보면
우리는 광고주가 대중에게 호소하는 광고에
용기를 내주기를 바란다. 그렇다면 왜 우리는
광고주에게 호소할 때 똑같이 용기를 내보지
않는가?

929 기막힌 아이디어를 만들어냈다는 이유로 곤란을
겪은 사람은 아무도 없다.

930 내가 좋아한다고 해서 좋은 광고는 아니다.
의뢰인이 좋아하지 않는다고 해서 나쁜 광고도
아니다. 유일한 방법은 시도해보는 것이다.

때로는 의뢰인이
부탁하는 대로 해주는 것이
의뢰인을 잃는
가장 빠른 길이다.

931   의뢰인에게 전하는 말: 답할 수 없는 문제를
질문하는 것은 너무나 쉽다.

932   소비자가 듣고 싶어 하는 말을 하는 것과
의뢰인이 듣고 싶어 하는 말을 하는 것은 별개다.
전자는 좋은 광고 전략이다. 후자는 좋은 '전략'일
수는 있으나 과연 좋은 '광고'일까?

933   광고 회사 입장에서는 캠페인을 만들었는데 모두
피투성이가 되어 의뢰인의 발아래에 쓰러져 있는
것만큼 실망스러운 일은 없다. 이유가 뭐냐고?
의뢰인이 싫어하기 때문이다. 그렇다면 의뢰인이
그 광고 캠페인을 싫어하는 이유는? 의뢰인
본인도 모른다. 토머스 브라운(Thomas Brown)의
다음과 같은 고전이 떠오른다.
"나는 그대를 사랑하지 않습니다, 닥터 펠...
그 이유는 말할 수 없어요.
하지만 이것만은 잘 알고 있습니다.
나는 그대를 사랑하지 않아요, 닥터 펠."

934   미국은 '미투(Me, too)' 제품이 너무 많아서 괴로운
것만큼이나 미투 광고가 너무 많아서 괴롭다.
같은 부류에 속하는 광고 중에서 광고주 한 명만

사용한 것이 얼마나 적은지 한번 보라.

935   광고에서 필요한 것: 공장에서 찍어낸 듯한
광고는 줄이고, 맞춤식 광고 제작을 늘리는 것.

936   광고계에서 가장 어려운 문제 중 하나는
'용량'이다. 어디에 돈을 얼마나 쓸 것인가?
코르크 마개를 얼마나 자주 딸 것인가?

937   팩스 콘은 이렇게 말했다. "잘 쓴 돈 10센트는
멍청한 돈 1달러와는 비교도 할 수 없을 만큼 큰
효과가 있다. 몇 달러를 똑똑하게 쓴다면 같은
편이 되고 싶을 것이다."

938   우리 직업을 잘 모르는 사람들이 아직도 많이
하는 이야기가 있다. "미국은 제조만 칭찬하고
유통은 무시했다. 이 제품을 여기서 저기로
옮기는 데 돈이 너무 많이 든다. 마케팅을 잘하는
더 좋은 방법이 있을 것이다. 광고는 순전한
경제적 낭비다" 등등의 야유와 헛소리다. 내
대답은 간단하다. 광고는 결혼처럼 좋은 거래다.
어쩌면 더 나은 방법이 존재할지도 모른다.
하지만 그게 뭐란 말인가?

939   광고는 반복되고 체계가 있어야 하지만, 일렬로 세워서는 안 된다.

940   존 워너메이커(John Wanamaker)는 이미 수십 년 전에 지금 광고주들도 제대로 이해하지 못하는 것을 이해했다. "광고는 확 낚아채는 게 아니라 서서히 당긴다. 처음에는 아주 부드럽게 시작하지만 그 당김은 꾸준하다. 매일매일 한 해 두 해 계속 커져서 마침내 저항할 수 없는 힘을 발휘한다."

941   나는 가끔씩 한잔하는 것을 좋아한다. 하지만 난간에 매달리는 것은 광고 의뢰인을 받아들이는 데 대한 내 생각과는 거리가 멀다. 달리 표현하면 이렇다. "가장 먼저 바(bar. '술집의 바', '정해진 기준' 등의 뜻이 있음)를 넘는 것!"이라는 말은 위스키 광고로는 멋지지만, 광고 회사를 광고하기에 좋은 표현은 아니다. 알코올의 영향 아래에서 전망을 내놓는 것은 '수술 후 쇼크'를 만들어내는 일일 뿐이다.

942   광고는 신체에서 가장 중요한 해독기관인 간과 같다. 간은 인체가 제 기능을 하고 있을 때는 그 공로를 잘 인정받지 못한다. 하지만 뭔가가

잘못되었을 경우는 가장 먼저 비난의 대상이
된다.

943 얼마 전 미국에서 가장 훌륭한 카피라이터인
베테랑 광고쟁이 제임스 울프가 내게 이런 탄식을
했다. "요즘 광고는 대부분 깜짝 놀랄 만큼 정보가
없어." 제임스의 철학은 간단하고 확고하다.
"중요한 돈을 주고 공간을 산 것인 만큼 그
공간을 이용해 내 제품에 관해 뭔가 중요한 것을
얘기해라. 아멘."

944 요즘에는 예술적 손길이 과한 광고가 많다.
아름답기는 하지만 할 말을 충분히 하고 있을까?
그러고 보니 〈스캔들 학교(The School for Scandal)〉에
나오는 유쾌한 대사가 생각난다. 셰리든은 멍청한
벤저민 백바이트 경을 통해 자신의 미래 시를
이야기했다. "깨끗한 텍스트의 개울이 여백의
풀밭 사이를 굽이쳐 흐를 것이다." 오늘날 광고의
강은 넓고 당당하게 흐르지만, 파도가 높은 것도
사실이다.

945 광고에 대해 잘못 알고 있는 비평가들은 무대
뒤로 데리고 와봐야 한다. 광고비가 하나도

없던 시절에 판매 비용이 얼마나 많이 들었는지 보여주어야 한다.

946 좋은 광고 회사는 무지막지한 미식축구 선수들이 모여 있는 곳이나 마찬가지다. 선수들을 힘껏 응원해주라!

947 비즈니스에 생길 수 있는 최악의 상황: 아무것도 모르는 사람이 자신의 지식을 직원들에게 전수해주겠다고 우길 때.

948 영국의 정치가이자 작가 디즈레일리는 이렇게 말했다. "비평에서 가장 밝은 보석은 솔직함이다." 맞는 말이다. 하지만 티파니(Tiffany)에서 그런 말을 직접 듣는 광고인이 얼마나 될까?

949 여론을 거스르는 광고인, 세상과 맞짱을 뜨는 광고인은 부족한 센스를 용기로 만회할지도 모른다. 원한다면 반란군이 되라. 하지만 반드시 '건강한' 반란군이 되라!

950 〈진보(Progress)〉라는 고전 에세이에서 스펜서는 "모든 배신 중에서도 가장 심원한 배신은 진실이

나쁘지는 않을까 하는 두려움"이라고 말했다.
'조사 결과'를 받아들일 때 얼마나 많은 광고인이
똑같은 두려움을 느낄까? 혹은 그 두려움 때문에
물러설까?

951 광고 작가는 소비자를 위해 일할 때에만
광고주에게도 도움이 된다.

952 들어보세요! 들어보세요! 텔레비전 쪽 사람들은
눈이 귀보다 메시지를 85퍼센트나 빠르게
흡수한다고 강조한다. 하지만 라디오 쪽
사람들이 귀가 눈보다 기억에 더 많이 남는다고
장담한 것도 바로 엊그제 일이다. 이건 마치 한
시즌에는 벨트를 팔다가 다음 시즌에는 멜빵을
파는 격이다. 정말로 중요한 건 당신의 바지가
흘러내리지 않게 잡아주는 점에서는 둘 다
훌륭하다는 점이다.

953 방송과 관련해 지금 떠오른 생각: 라디오가
전성기일 때에는 똑같은 광고(직접적 대사나 단조로운
노래)가 어떠한 변형도 없이, 때로는 몇 달씩 계속
사용되었다. 반복, 반복, 반복. 이 원칙은 여전히
유지되고 있다. 그러나 시청자들은 눈으로 하품을

할 수 있다. 텔레비전은 이야기를 '보여준다'는 뜻이다. 가능할 때마다 다르게 보여준다는 뜻이기도 하다. 나이가 좀 있는 사람들은 영화에 처음으로 소리가 도입되었던 때를 기억할 것이다. 사람들은 은막에서 흘러나오는 목소리에 너무나 매료되어 '진행되는 스토리'를 따라가는 것을 잊어버릴 정도였다. 그 순간 황홀함에 빠진 프로듀서들은 여전히 카메라가 돌고 있다는 사실을 잊어버렸다. 무대에서는 있을 수 없는 일이다. 말은 흘러나오는데 배우는 움직이지 않다니. 텔레비전은 카피를 방송하는 사람들에게 분명 매력적인 프런티어를 열어주었다. 그리고 그 과정에서 시각 광고에 새로운 얼굴과 영향력을 부여했다.

copy
capsules

인간의
위트와
지혜

954 압축적 카피에 관해서라면 아직까지도 프랭크 어빙 플레처에 필적할 사람이 거의 없다. 더 적은 말로 많은 이야기를 하는 기술이라면 말이다. 최근에 나는 뉴욕에 갔다가 오래전에 플레처가 쓴 전형적인 '플레처주의'에 관한 글을 그의 앞에서 줄줄 읊었다. 지금도 똑같이 적용되는 얘기다. "광고는 아직도 그 천재적인 '생략'이 더 많이 필요하다. 생략은 아름다운 이브닝드레스와 같다. 이브닝드레스가 짧은 이유는 손바닥만 한 옷감에서 한 아름의 여백을 불러내 더 풍성해지기 위해서다."

955 최고의 영화감독 존 포드는 이렇게 말했다. "저는 리허설을 과도하게 하지 않습니다. 왜냐하면 모든 인간과 마찬가지로 배우도 씬을 처음 찬찬히 읽어보거나 대사를 처음으로 입 밖에 낼 때 자신이 가진 최고의 해석을 내놓는다고 생각하기 때문입니다. 저는 교실 같은 완벽주의를 원하지

않습니다. 너무 많이 연습해서 딱딱한 것 말이죠.
그런 건 지루합니다. 저는 인간적이고 따뜻한
연기를 원합니다." 카피라이터를 위한 교훈이
아닐까?

956   토머스 칼라일은 얼굴을 찌푸렸다. "내가 보기에
연설의 기술이란 무엇보다 정말로 말하고 싶은
'소재'를 가지는 것이다."

957   프랑스 사상가 몽테스키외는 그것을 일곱 단어로
표현했다. "사람은 생각을 적게 할수록 말을 많이
한다(The less men think, the more they talk)."

958   몽테스키외가 주는 카피에 대한 또 다른 조언:
"웅변가들은 깊이가 부족한 부분을 길이로
맞춘다."

959   스튜어트 채플린은 이렇게 말했다. "모호한
말(weasel words)은 그 옆에 있는 단어들의
생명력까지 모조리 없애버린다. 족제비(weasel)가
달걀을 빨아먹고 껍데기만 남기는 것과 같다."

960   〈트로일러스와 크레시다〉에서 셰익스피어가

전하는 아홉 단어로 된 메시지를 모든 카피라이터는 가슴에 새겨야 한다. "말, 말, 겨우 말, 아무리 진심에서 나왔다 한들(Words, words, mere words, no matter from the heart)." 요컨대 마음으로부터 우러난 글이라면 틀릴 수가 없다!

961 영국 소설가 올더스 헉슬리는 이런 고마운 얘기를 했다. "합격 수준의 소네트 10개를 쓰는 것보다 효과 있는 광고 하나를 쓰는 게 훨씬 더 어렵다."

962 피타고라스가 한 말이다. "사색이란 운반 중인 아이디어다." 좋은 카피에 대한 탁월한 정의다!

963 바이런은 바람둥이였을 뿐만 아니라 훌륭한 광고쟁이이기도 했다.
증거: "잉크 한 방울이 백만 명을 생각하게 만들 수 있다."

964 아마도 서머싯 몸이 한 말이었지 싶다. "이류 작가만이 늘 최선을 다한다." 아마도 몸 박사는 딱 맞는 이탈리아 격언을 염두에 두고 있었을 것이다. "L'ottimo e il nemico del bene(최선은 차선의 적이다)."

965 로아네(Roannez)라는 이름의 철학자를 들어보지
못했을 것이다. 하지만 그는 이런 훌륭한 진실을
이야기한 적이 있다. "이유는 나중에 오는 것이다.
처음에는 이유도 모른 채 기쁘거나 충격을
받는다."

966 코난 도일이 카피를 썼다면 훌륭한 카피라이터가
됐을 것이다. 불멸의 〈셜록 홈즈〉는 남기지
못했을지라도 말이다. 유명한 작가들이 으레
그렇듯 코난 도일도 의사였다. 실제로 홈즈라는
캐릭터는 그가 학생 시절 에든버러병원에서 만난
조지프 벨 박사를 떠올리며 만든 인물이다. 벨
박사의 직관적인 진단은 환자와 학생들을 깜짝
놀라게 하곤 했다. 개인 병원을 차린 첫 해에
코난 도일의 수입은 무려 154파운드에 이르렀다.
그래서 소득세 양식이 도착했을 때 도일은 서류를
작성해서 접수했는데 주로 세금 부과 대상이
아니라는 반박이었다. 세무서는 제출된 서류 위에
"매우 불만족"이라고 써서 즉시 양식을 되돌려
보냈다. 그것을 받아본 코난 도일은 헤드라인이
중요하다는 것을 알았다. 그리고 더 좋은
헤드라인을 생각해냈다. 그는 그 글씨 밑에 "완전
동감"이라고 써서 되돌려 보냈다.

967 새뮤얼 존슨은 이렇게 말했다. "먼저 발명을 하고 그 다음에 예쁘게 꾸며라." 광고에 적용해보면 나는 수정본을 다음과 같이 쓰고 싶다. "먼저 발명을 하고 그리고 장식하지 마라. 절대로!"

968 파블로 피카소는 언젠가 이런 말을 했다. "그림을 그리려면 먼저 눈을 감고 노래를 불러야 한다." 감히 내가 한마디 덧붙인다면 이렇게 말하겠다. "글을 쓰려면 먼저 눈을 뜨고 노래를 불러야 한다."

969 "나는 나를 좋아한다"는 말은 좀 낯간지럽게 들리기도 하지만 매출과 관련해서는 충분히 일리 있는 말이다. 월트 휘트먼도 이렇게 말했을 때는 별로 우아하지 않았다. "나는 내 뼈에 붙은 것보다 더 달콤한 지방은 못 봤다."

970 필립 모리스의 이사회 의장 알프레드 E. 라이언은 이렇게 말했다. "나는 숫자가 싫다. 사람이 좋다." 카피라이터 같지 않은가!

971 미국의 작사가이자 작곡가 어빙 벌린은 음악의 대가였을 뿐만 아니라 말의 대가이기도 했다.

예시: 영화 〈콜 미 마담〉에 나오는 에설 머먼의 히트곡 중 하나는 이런 확실한 제목을 갖고 있었다. "당신에게 최고는 나일 거예요." 섹스어필과 자기 관심의 완벽한 음악적 결합이다.

972 23세에 연극을 처음 제작한 극작가 리처드 브린슬리 셰리든을 생각할 때면 나는 늘 다음 이야기가 떠오른다. 어느 날 아침 극장가를 걷던 셰리든이 친구와 마주쳤다. 친구는 인사를 건네며 어떻게 새 대본은 잘되느냐고 물었다. "끝냈어." 셰리든이 답했다. "잘됐네! 원고는 언제 볼 수 있어?" 친구가 물었다. "아, 아직 안 썼어."

973 비슷한 맥락으로 모차르트의 일화도 있다. 모차르트는 궁정 연주회용으로 음악을 작곡하기로 약속했다. 놀랍게도 그는 황제 앞에서 빈 종이를 앞에 두고 연주를 시작했다. "자네 파트는 어디 있나?" 놀란 황제가 물었다. "여기예요." 모차르트는 이마를 가리켰다. 나 역시도 카피는 타자기가 아니라 머리에 써야 한다고 생각한다.

974 벤저민 프랭클린은 순전한 말의 분량에는 놀라지

않는 사람이었다. 그는 불쌍한 리처드를 이렇게
놀렸다. "웅변가 납시었네. 단어는 홍수 나고
논리는 한 방울 있겠구먼."

975 카피라이터 두 명에게 똑같은 기본 팩트를
줘보라. 결과가 얼마나 다를 수 있는지! 에머슨은
이렇게 말했다. "풍경은 크게 다르지 않다. 하지만
보는 사람이 크게 다르다."

976 볼테르는 이렇게 말했다. "아이디어는 수염과
같아서 자라기 전에는 가질 수 없다."

977 요즘 젊은이들의 조롱과 야유를 들어보면
아이디어가 마구 넘쳐 주체하지 못하는 비버들
같다. 하지만 친구들, 조용히 하고 서머싯 몸의
이 말을 들어보길. "상상력은 연습으로 키울 수
있다. 그리고 흔히 믿는 것과는 달리 젊을 때보다
성숙했을 때 더 강력하다."

978 철학자이자 음악가, 의사였던 알베르트
슈바이처는 다음과 같은 말로 깊은 울림을
주었다. "해마다 나무에 똑같은 열매가 열려도
해마다 새로운 열매이듯이, 언제까지나 가치를

갖는 귀한 아이디어들은 생각 속에서 끊임없이
다시 태어나야 한다."

979   아나톨 프랑스는 이렇게 말했다. "역사는
일종의 예술이다. 상상력을 가지고 써야 한다."
카피는 종종 제품의 역사이고, 따라서 카피 역시
상상력을 가지고 써야 한다.

980   카피를 쓰는 것은 사무실일 수 있지만,
생각해내는 것은 현장이 되어야 한다. 소로가
책상에서 쉽게 글을 쓸 수 있었던 것은 숲속을
산책할 때 그의 마음이 작업을 하고 있었기
때문이다.

981   카디널 뉴먼은 자신의 마음을 표현해달라고
전문 작가를 고용했던 동양의 연인에 대해 아주
별스럽게 묘사했다. "글 쓰는 남자는 시키는 대로
욕망의 펜을 헌신의 잉크에 담가 황폐한 페이지
위에 뿌리기 시작했다." 오늘날 광고 작가에
비교하여 연상되는 점은?

982   어떤 카피라이터들은 자신의 제품에 대해 잘
모르면서 카피를 쓴다. 그런데 가끔은 너무

많이 아는 카피라이터도 목격하게 된다. 그런 사람은 위대한 스승 소르본의 보탱(Bautain) 신부가 "습득의 과잉"이라고 불렀던 것 때문에 고통받는다. 연료를 너무 가득 주입한 것이다. 그래서 "기름이 넘쳐 램프가 꺼진다".

983 저명한 프랑스의 사제이며 타고난 웅변가였던 마시옹은 이렇게 말하곤 했다. "나는 내 교회를 나서는 사람들이 '대단한 설교였어!'라고 말하기를 원치 않는다. 나는 그들이 나가서 '뭔가를 해보겠어!'라고 말하길 원한다." 카피라이터들이 꼭 카피해야 할 말이다!

984 내 사무실 벽에는 불멸의 루이 트레비조가 직접 손으로 쓴 글이 붙어 있다. 그리스 웅변가 데모스테네스가 위대한 라이벌 아에스키네스에게 한 말이다. "사람들더러 '정말 말 잘하는군'이라고 말하게 만들게. 나는 사람들이 '필립에 맞서 행군합시다'라고 말하게 만들 테니." 광고를 끝까지 읽은 사람이 "와, 기가 막히네!"라고 혼잣말을 한다면 광고를 잘못 쓴 것이다. 그가 "당장 사러 가야겠군!"이라고 말한다면 광고를 잘 쓴 것이다.

프랑스 사상가 몽테스키외는 그것을 이렇게 표현하였다. "사람은 생각을 적게 할수록 말이 많다 (The less men think, the more they talk)."

985 에드워드 버네이스는 말했다. "비즈니스는 스스로를 대중에게 팔아야 생존할 수 있다."

986 토스카니니는 언젠가 스스로 흡족해하는 첼리스트를 꾸짖었다. "내가 주세페 베르디와 함께 첼로를 연주할 때는 얼굴이 땀범벅이었어. 자네 얼굴에는 땀 한 방울 안 보인다고!" 훌륭한 카피라이터는 땀도 잘 흘린다.

987 프랑스의 저명한 성직자이자 설교가인 자크 보쉬에는 카피라이터들이 가슴에 새길 만한 말을 남겼다. "가슴은 논리가 이해하지 못하는 이유들을 갖고 있다."

988 H. G. 웰스는 친구인 작가에게 이런 현명한 조언을 했다. "책에 어려움이 생기면 충격 요법을 시도해봐... 전혀 예상 못할 때 공격하는 거지." 카피도 마찬가지다.

989 체스터필드 경은 아들에게 보내는 편지에 이렇게 썼다. "언제나 내가 가장 **빨리** 쓴 글들이 가장 많은 사람들을 기쁘게 만들더구나."

990 　작고한 린지 판사는 내게 이렇게 말했다. "범법
　아동이란 없다네. 범법 부모만이 있을 뿐이지."
　흠, 둔한 독자는 없다. 둔한 작가가 있을 뿐이다.

991 　솔로몬은 말했다. "네가 얻은 모든 것으로 명철을
　얻을지니라."

992 　조지 엘리엇은 이런 혜안을 덧붙였다. "하늘의
　빛이 될 수 없다면 방 안의 등불이 되라."

993 　빅토르 위고는 말했다. "성실함은 달변의
　소금이다." 카피의 소금이기도 하다.

994 　영국의 철학자 조지 무어는 이렇게 말했다.
　"표절은 다른 사람의 것을 가져와 더 안 좋은
　것으로 만드는 일이다."

995 　〈의식청명기(Lucid Interval)〉는 불후의 광고 작가 중
　한 명의 귀중한 '고백'이다. 이 책에서 프랭크 어빙
　플레처는 작가인 한 친구를 "처음부터 대성하지도
　못하고 끊임없이 수입이 줄어들 것이 예정되어
　있는 수많은 작가 군단의 전형적 예"라고 말한다.
　그러면서 그것을 이중 의미를 지닌 자신의

말로 요약했다. "그는 약속일보다 한참 후에나 보내오는 송금에 의존해 살았다. 다가오는 것이 그를 계속 멈추지 않게 했다."

996 정신과 의사들이 아직 이름을 붙여주지는 않았지만 분명히 존재하는 것이 있다. 바로 수많은 광고업자들이 겪는 신경 피로증이다. 똑같은 아이디어가 두 번 연속 사용되면 이들의 지친 신경은 도저히 견뎌낼 수가 없다. 아이디어는 반드시 '독창성'이 있어야 한다. 하지만 언젠가 딘 잉(Dean Inge)이 신랄하게 얘기한 것처럼 독창성은 그저 "아직 밝혀지지 않은 표절"일 뿐이다.

997 인간의 정신은 독창적인 생각을 할 수 없다고 말하는 사람들도 있다. 우리의 정신은 눈, 귀, 기타 감각 기관으로 들어온 '인상'에 의존한다. 그래도 우리가 아는 것이 있다. 정신은 낙하산과 같다는 점이다. 듀어(Dewar) 경은 말했다. "그것들은 열려(펼쳐져) 있을 때만 제 기능을 할 수 있다."

998 폴 호프먼은 말했다. "팩트를 꽉 잡고 있지 않다면 팩트에 발목 잡힐 것이다." 좀 다른

방식으로 레오나르도 다빈치도 말했다. "그러니 학생들이여, 수학을 공부하고, 기초 없이는 아무것도 짓지 마라."

999 훌륭한 광고쟁이이자 간결한 표현의 대가인 내 오랜 친구 스탠리 랫쇼가 내게 해준 말이다. "광고의 성공 요소는 아주 간결하고 단단하다."

1000 GM의 찰스 F. 케터링이 한 말이다. "우리가 역사 공부를 그만두고 앞으로 나아가 미래를 공부한다면 지금보다 훨씬 더 잘 살 수 있을 것이다."

1001 작고한 찰리 슈워브의 이 말은 3루타였다. "조직화하라, 대행시켜라, 감독하라."

1002 프랑스 속담이다. "훌륭한 궁수는 화살 때문에 유명한 것이 아니라 과녁 때문에 유명하다."

1003 베이컨은 정곡을 찔렀다. "인간은 사실이고 싶은 것을 믿는 경향이 있다." 물건을 구매하는 대중도 마찬가지다!

1004 빈틈없는 상인이었던 고(故) 아이작 김벌(Isaac Gimbel)의 사무실에는 이런 문구가 적혀 있었다. "우리는 매출로 돈을 벌지, 재고로 돈을 버는 것이 아니다."

1005 〈허클베리 핀〉의 작가 마크 트웨인은 똑똑한 광고쟁이가 됐을 것이다. 그는 이렇게 말했다. "망설여질 때는 진실을 말해라."

1006 간결함이라는 성지를 숭배했던 광고인은 대신에 명료함을 희생하기 쉽다. 정반대로 어떤 광고인은 끝없이 자기 칭찬을 늘어놓아 듣는 이의 인내심을 시험한다. 그러고 보니 말을 잘 다루었던 프랭크 플레처가 한 말이 생각난다. "관객이 꼿꼿이 앉아 있으면 현명한 강연자는 자리에 앉는다. 광고도 마찬가지다."

1007 J. P. 모건은 이렇게 말했다. "나무를 등지고 체리를 딸 수는 없다." 관객을 바라보지 않고 물건을 팔 수는 없다. 그리고 유익한 팩트들도 필요하다.

1008 크로거(Kroger)의 수장 조지프 B. 홀은 자신의

식품뿐만 아니라 광고도 잘 알았다. 그는 이렇게 말했다. "만약 광고가 사람 머리에 모자를 올릴 수 있다면 사람 머리에 생각을 집어넣을 수도 있다."

1009 광고를 찬양한 세계적 명사가 둘 있다.

영국의 윈스턴 처칠: "광고는 인간의 소비력을 키워준다. 더 나은 생활수준을 원하게 만든다. 사람들에게 자신과 가족을 위한 더 좋은 집, 더 좋은 옷, 더 좋은 음식이라는 목표를 설정하게 한다. 개인이 노력하게 하고 생산을 증가시킨다. 서로 만날 일 없던 것들을 비옥한 토양에서 만나게 한다."

미국의 애들라이 스티븐슨: "미국의 생활수준은 광고의 천재적 상상력 덕분이다. 광고는 수요를 창출하고 증진할 뿐만 아니라 경쟁 과정에 영향을 미치고 제품의 질을 향상시키는 부단한 여정을 자극한다."

1010 소설가 이든 필포츠가 예술에 관해 한 말은 광고에도 똑같이 적용된다. "뼈대가 없는 것은 아무것도 견딜 수 없다. 어떤 예술은 살아 있고, 어떤 예술은 화석이 되었지만, 지속되었던 것이라면 모두 형식이라는 뼈대 위에 세워지고

혹독한 선별력이라는 강철로 모형을 뜬다."

1011 "당신이 지금 소리치는(shout) 것처럼 총
쏘는(shoot) 모습을 보고 싶소!" 누가 한 말일까?
시어도어 루스벨트다.

1012 광고에서 풍자는 큰 재능을 필요로 하지 않는다.
아나톨 프랑스는 풍자의 핵심이 "아이러니를
연민으로 누그러뜨리는 것"이라고 했다.

1013 오스카 와일드는 다음과 같이 고마운 말을
남겼다. "화가나 조각가가 사용하는 재료들은
언어라는 재료에 비하면 초라한 수준이다.
말은 비올이나 류트(비올과 류트는 중세 시대의 현악기-
옮긴이) 같은 음악을 가지고 있을 뿐만 아니라
베네치아나 스페인의 캔버스처럼 사랑스럽고
풍부하고 생생한 색깔을 가지고 있고, 대리석이나
브론즈에 나타나는 형태 못지않게 또렷하고
분명한 조형적 형태를 갖고 있다. 또 생각이나
영성(靈性)을 갖고 있다. 이것들은 오직 말에만
있는 것이다. 그리스인들이 비평한 것이라고는
언어밖에 없지만 그들을 여전히 세계 최고의 예술
비평가라고 할 수 있을 것이다."

1014　카피라이터인 나에게 사람들이 아트디렉터의 쇼를 평가해달라고 할 때마다 나는 이 전설적인 일화가 생각난다. 프랑스의 어느 모임에서 볼테르가 유명한 배우 데이비드 개릭을 돌아보며 물었다. "당신 생각으로는 영국 여자와 프랑스 여자 중에 누가 더 예쁜가요?" 개릭은 이렇게 대답했다. "저는 그림 전문가가 아니라서요." 광고에 들어 있는 미술은 별개의 동떨어진 것으로 생각되어서는 안 된다. 다른 모든 기본 재료와 마찬가지로 미술도 문제에 대한 최선의 해결책을 찾아내는 과정에서 사용되어야 한다. 왜냐하면 그림도 카피이기 때문이다.

1015　〈인간, 그 미지의 것(Man, the Unknown)〉에서 알렉시 카렐 박사는 이렇게 말했다. "우리가 스스로에 대해 무지한 데에는 독특한 측면이 있다. 필요한 정보를 손에 넣는 것이 힘들거나 정보가 부정확하거나 희귀해서 그렇게 된 것이 아니다. 정반대로 기나긴 세월을 살아오며 인류가 축적한 스스로에 대한 데이터가 극단적으로 많아서 혼란스러운 것이다."

1016　"훌륭한 도서관에는 인류의 일기가 들어 있다."

《허클베리 핀》의 작가 마크 트웨인은 똑똑한 광고쟁이가 될 것이다. 라고 말했다.

"광고야말로 매우 진실을 말해야 한다."

1866년 영국 버밍엄에서 도서관을 개관하며 조지 도슨이 한 말이다. 광고쟁이라면 누구나 언제든지 활용할 수 있는 그런 훌륭한 도서관을 '머릿속에' 갖고 있어야 한다.

1017 올리버 웬델 홈즈 시대에는 광고에 대한 '과학적 조사'라는 게 없었다. 실은 '과학적 조사' 자체가 없었다. 그래도 시대를 초월할 수 있는 '일반의 상식'은 있었다. 〈아침 식탁의 독재자(the Autocrat of the Breakfast Table)〉에서 홈즈는 이렇게 말했다. "과학이란 인간의 머리에 들어갈 일류 가구다. 바닥에 상식만 깔고 있다면 말이다."

1018 아주 영리한 퀘이커파의 교리를 들어보자. "한 번 말하기 전에 두 번 생각한다면 두 배는 더 잘 말할 것이다." 누가 한 말일까? 영국의 신대륙 개척자 윌리엄 펜의 말이다. 이보다 몇백 년 앞서 그리스 극작가 에우리피데스는 더 짧게 말했다. "언제나 재고해보는 편이 더 현명하다."

1019 광고에서도 인생처럼 기본에 충실하라. 프랑스의 유명한 의사 뒤물랑(Dumoulin)은 죽음의 목전에서 이렇게 말했다. "나는 훌륭한 의사 둘을 남기고

떠난다. 소박한 음식과 깨끗한 물."

1020 "이해시키는 것이 말하기 기술의 전부다." 누가 한 말일까? 공자의 말이다.

1021 알렉산더 해밀턴은 말했다. "인간은 합리적 동물이라기보다 합리적 이유를 찾는 동물이다."

1022 올리버 크롬웰은 말했다. "더 훌륭해지려는 노력을 멈추는 사람은 더 이상 훌륭하지 않다."

1023 프랑스의 시인 드 뮈세는 말했다. "말이 많은 사람이 증명할 수 있는 경우는 드물다."

1024 몽테뉴는 말했다. "우리가 가장 잘 모르는 것만큼 굳건하게 믿고 있는 것도 없다."

1025 누군가 영국의 시인 콜리지에게 풍자시의 정의를 내려달라고 했다. 그의 대답은 이랬다. "풍자시가 뭐냐고요? 기껏해야 난쟁이 크기밖에 안 되고 몸통도 짧은데 영혼을 담아내는 거죠."

1026 에머슨은 말했다. "책 뒤에는 사람이 한 명 서

있다.” 존 윈터리치(John Winterich)는 이렇게
덧붙였다. “하지만 그 책이 은행 통장(bank-book)일
필요는 없다.”

1027 박식하고 사랑스러운 크리스토퍼 몰리는 내게
이렇게 말한 적이 있다. “책의 진짜 목적은 마음을
한 곳에 가두어 뜻대로 생각하게 하는 거야.”
(크리스토퍼야말로 이 책의 서문을 맡겼다면 가장 잘 썼을 사람이다!)

1028 “Ancora imparo(나는 아직 배우는 중이다).”
미켈란젤로가 즐겨 했던 말이라고 한다. 나도
즐겨 하는 말이다.

1029 체스터필드의 말이다. “사람을 쳐다만 보지 말고
속을 들여다봐야 한다.”

1030 괴테는 이렇게 말했다. “재능은 혼자서 발전하고,
캐릭터는 삶의 흐름에서 발전한다.” 똑똑한
광고쟁이들이 묵상을 하다가도 사람들과
어울리는 것은 그 때문이다.

1031 〈의미론(Essai de semantique)〉에서 브레알은 이런
얘기를 했다. “언어적 문제에서 사람들의 실수는

점차 진실이 된다."

1032 에머슨은 말했다. "언어는 모든 인간이 돌멩이 하나씩을 가져와서 지은 도시와 같다."

1033 타키투스는 A. D. 110년경 쓴 연대기에서 이렇게 말했다. "바라는 대로 생각할 수 있고 생각하는 대로 말할 수 있는 시대에 산다는 것은 더없는 행복이다."

1034 삶에는 원시적 열정이 있다. 배고픔, 희망, 신념, 두려움, 자부심, 사랑, 미움. 그렇기 때문에 모든 남자는 형제이고, 모든 여자는 자매가 되는 것이다. 그래, 나도 안다. 키플링이 한 말이다. 그는 더 좋게 말했다!

1035 미국의 평론가 앰브로스 비어스는 간결하고 통렬한 표현의 대가였다. 한 예로 그는 이런 말도 했다. "편견은 눈에 보이는 지지 수단도 없이 방랑하는 의견이다."

1036 조지 엘리엇은 말했다. "아무 할 말도 없고, 굳이 그 사실을 알리려 하지도 않는 사람은 복 받은

것이다."

1037   청소년 비행에 관해 많은 사람이 지루하도록
        많은 글을 썼지만, 빅토르 위고는 그 모든 얘기를
        9개 단어로 요약했다. "학교를 여는 것은 감옥을
        닫는(폐쇄하는) 일이다(When you open a school,
        you close a prison)."

1038   "그는 소스를 너무 많이 먹은 후 마시는 시원한
        물처럼 순수한 사람이다(He is as innocent as
        cool water after too many sauces)." 이 11단어로
        프랑스의 소설가 알퐁스 도데는 위대한 인물의
        캐릭터를 훌륭히 보여주었다.

1039   드와이트 D. 아이젠하워는 말했다. "좋은
        제품이라면 미국 광고업계는 효율적이고
        상상력이 넘치는 방식으로 정보를 제공하고
        판매를 촉진하는 중요한 공헌을 한다."

1040   "모든 것에는 얼굴이 있다." 누가 한 말일까?
        영국 출신으로 일본에 귀화한 작가 라프카디오
        헌(Lafcadio Hearn)의 말이다. 그의 말뜻은 이런
        것이었을 것이다. 우리는 사람과 장소, 물건의

'얼굴', 즉 캐릭터를 보고 거기에 반응한다. 얼굴이나 장소를 기억할 수 있게 해주는 것은 캐릭터다. 이 점은 카피도 마찬가지다. 당신의 카피는 주름 펴기 시술을 해도 살아남겠는가?

1041 수백 년 전에 중국인들은 말했다. "사람의 마음을 알고 싶으면 그가 쓰는 말을 잘 들어보라."

1042 에이브러햄 링컨이 훌륭한 카피를 쓸 수 있었던 것은 훌륭한 마음을 가진 사람이었기 때문이다. 소박한 15개 단어로 그는 광고가 성공하는 데 필요한 모든 것을 알려주었다. "대중의 감성을 가지면 아무것도 실패할 수 없다. 그게 없으면 아무것도 성공할 수 없다(With public sentiment nothing can fail; without it nothing can succeed)."

1043 세르반테스는 말했다. "펜은 마음의 혀다."

1044 새뮤얼 존슨은 말했다. "직관은 마음의 눈이다. 총명함은 마음의 코다."

1045 텔레비전이 나오기 한참 전에 영국의 극작가 벤

존슨은 이렇게 말했다. "언어는 사람을 가장 많이 보여준다. 말을 하라, 내가 그대를 볼 수 있게."

1046 레이먼드 클래퍼의 말이었던 듯 싶다. "대중의 지식을 과대평가하지 마라. 대중의 지능을 과소평가하지 마라."

1047 러시아의 소설가 막심 고리키는 말했다. "살면 살수록 인간의 매혹적이고 흥미로운 모습이 더 많이 보인다... 바보 같고 영리하고, 야비하고 거룩하고, 갖은 이유로 불행하고, 내 마음에는 모든 사람이 사랑스럽다."
교훈: 사람을 모른다면 광고도 모르는 것이다.

1048 17세기에 이런 말을 한 새뮤얼 버틀러는 결코 구식은 아니었던 것 같다. "이해되지 않도록 글을 쓴다는 것은 들리지 않도록 말하는 것만큼이나 헛된 일이다. 바보나 미친 사람은 남들 앞에서 혼잣말을 한다. 자기 자신밖에 이해하지 못할 책을 내는 사람도 같은 짓을 하고 있는 것이다."
요약: 산만하게 쓰지 말고, 명료하게 써라.

1049 아마도 그리스 역사가 디오니시오스가

카피라이터들을 염두에 두고 한 말 같다. "그대의
발언이 침묵보다 낫게 하라. 그렇지 않을 거면
침묵하라."

1050   사람의 마음을 연구하면 할수록 이 점을 깨닫게
된다. "인류는 언제나 발전하고 있지만 사람은
언제나 똑같다." 오슬러는 예일대학교의 유명한
연설에서 이렇게 말했다. "인간을 인간으로
만드는 사랑과 희망, 두려움, 신념, 그리고 인간의
마음을 구성하는 열정들은 바뀌지 않는다."

1051   광고라는 이 세속적인 사업을 하고 있는 우리는
우월함을 갈망하는 것과 관련이 많다. 프랑스의
시인 토머스 머튼은 저서 〈사색의 씨앗(Seeds of
Contemplation)〉에서 그것을 깔끔하고 또렷하고
시적으로 요약했다. "나는 당신이 갖고 있지 않은
것을 갖고 있다. 나는 당신과 다르다. 나는 당신이
취하지 못한 것을 취했고, 당신이 얻지 못한 것을
붙잡았다. 그래서 당신은 괴롭고 나는 행복하다.
당신은 멸시를 받고 나는 칭송을 받는다. 당신은
죽고 나는 산다. 당신은 아무것도 아니고 나는
무언가다. 그리고 내가 그 무언가가 되는 것은
당신이 아무것도 아니기 때문이다. 이렇게 나는

"Ancora
(나는 아직

imparo

배우는 중이다).”

미켈란젤로가
즐겨 했던
말이라고 한다.

나도
즐겨 하는 말이다.

당신과 나 사이의 거리에 감탄하며 평생을 살아왔다." 바로 여기에 위대한 미국적 특성이 묻어난다... 나는 이것을 '만성 간극 중독'이라고 부른다. 심화, 경쟁, 흉내, 뭐라고 불러도 좋다. 결과는 똑같다. '더 많은 것을 더 많이 갈망하는 것'이다.

1052   미국 작가 엘버트 허버드는 이렇게 말했다. "마음이 작은 사람은 특별한 것에 관심을 갖고, 마음이 큰 사람은 평범한 것에 관심을 갖는다."

1053   거침없던 마크 트웨인은 이렇게 말했다. "격언은 최소한의 소리와 최대한의 의미로 구성된다."

1054   "예술은 순간에 있는 것이 아니라 세월에 있다." 누가 한 말일까? 앨버트 게라르의 말이다.

1055   발자크는 간단히 말했다. "천재는 강렬함이다."

1056   빅토르 위고는 이렇게 대꾸했다. "열정은 이성의 열병이다."

1057   취향은 값을 매길 수 없는 재료다. 영국 비평가

존 러스킨은 이렇게 말했다. "우리는 '나'라는 사람의 표시를 좋아한다. 취향을 가르친다는 것은 캐릭터를 형성한다는 뜻이다."

1058 우드로 윌슨은 말했다. "아이디어는 살고, 사람은 죽는다."

1059 어니스트 딤네는 이런 생각에 뜨거운 축복을 보냈다. "아이디어는 창조의 뿌리다."

1060 그리고 핼 스테빈스 본인은 마지막 각주를 이렇게 달고 싶다. "사람이 일생 동안 그리 많은 것을 배울 수는 없다. 그러나 최소한 내가 알게 된 보잘 것 없는 것들을 남들에게 전해줄 수는 있다."

지은이 **핼 스테빈스**(Hal Stebbins) 1893-1976

외과의사 출신의 전설적인 카피라이터. LA에 위치한 광고 회사 Hal Stebbins
Inc.의 회장이었으며, 광고를 위한 최초의 전국 무역 잡지 〈Printers' Ink〉의
편집인이었다. 1957년 후배 광고인들을 위해 〈Printers' Ink〉에 기고했던 글을 모아
펴낸 〈카피 공부〉는 광고인들의 경전으로 지금까지 읽히고 있다.

옮긴이 **이지연**

서울대학교 철학과를 졸업 후 삼성전자 기획팀, 마케팅팀에서 근무했다. 현재
전문번역가로 활동 중이다. 옮긴 책으로는 〈인문학 이펙트〉, 〈토킹 투 크레이지〉,
〈제로 투 원〉, 〈위험한 과학책〉, 〈기하급수 시대가 온다〉, 〈빅데이터가 만드는 세상〉,
〈리더는 마지막에 먹는다〉, 〈우주에 관한 거의 모든 것〉, 〈빈곤을 착취하다〉,
〈단맛의 저주〉, 〈다크 사이드〉, 〈레바나〉, 〈행복의 신화〉, 〈매달리지 않는 삶의
즐거움〉 외 다수가 있다.

카피 공부: 매일 언어를 다루는 사람들에게

펴낸날 초판 1쇄 2018년 3월 1일
　　　　　초판 8쇄 2023년 3월 17일
지은이 핼 스테빈스
옮긴이 이지연
펴낸이 이주애, 홍영완
책임편집 선세영
마케팅총괄 김진겸
펴낸곳 (주)윌북
출판등록 제2006-000017호
주소 10881 경기도 파주시 광인사길 217
전화 031-955-3777 **팩스** 031-955-3778
홈페이지 willbookspub.com **전자우편** willbooks@naver.com
블로그 blog.naver.com/willbooks **포스트** post.naver.com/willbooks
페이스북 @willbooks **트위터** @onwillbooks **인스타그램** @willbooks_pub

ISBN 979-11-5581-147-4 03320

(CIP 제어번호 2018004932)